Tête en l'air

Collection Démarches

DU MÊME AUTEUR

Les Heures pâles, Intervalles, 2013.
Découvrez Mykonos hors saison, Intervalles, 2014.
L'Aimant – roman magnétique d'aventures maritimes (avec les dessins de Riff Reb's), Intervalles, 2016.

Les éditions Paulsen sont une société
du groupe Paulsen Media.
www.editionspaulsen.com

Richard Gaitet

Tête en l'air

Récit authentique et déséquilibré d'une ascension du mont Blanc par un blanc-bec à lunettes inexpérimenté qui, au cours de son voyage, réapprit à marcher.

Paulsen

« Gouffres avides
tendez-moi la main
Rêves et ravins
règlent nos moulins. »

Alain Bashung et Jean Fauque, *L'Irréel*
(album : *L'Imprudence*)

« Il n'était pas un sportif ; il ne l'avait jamais été. […] Il avait deux désirs : le plus fort était d'être seul avec ses pensées et ses rêveries. […] Quant à l'autre, lié au premier, c'était de prendre un contact plus intime et plus libre avec la montagne dévastée par la neige pour laquelle il s'était pris de sympathie. »

Thomas Mann, *La Montagne magique*

Haddock : « Et dire qu'il y a des gens qui font ça par plaisir ! »

Hergé, *Tintin au Tibet*

(Prologue)

Midi moins une

LE VIDE HURLE, des deux côtés. Terrifié, je monte sur une bande de neige d'environ quarante centimètres de large, exposée au vent à plus de 3 800 mètres d'altitude et raide comme le nez de Rossy de Palma. Mon guide m'avait prévenu : « Dans les cinquante derniers mètres, tu auras envie d'appeler ta maman. »

Arête de l'aiguille du Midi.

Je n'ai pas jugé utile de déranger ma mère à l'heure du déjeuner, mais ce que j'ai sous les yeux ne lui plairait pas beaucoup. La moindre glissade pourrait m'être fatale, si je n'étais pas encordé. À droite, la pente emporterait mon corps pataud en me brisant les os sur environ huit cents mètres ; à gauche, les crevasses cachées m'offriraient un nid gelé pour terminer l'été.

Mais je ne suis pas seul. Je marche dans les traces de René Ghilini, le plus romanesque des membres actuels de la compagnie des guides de Chamonix. Un grand professionnel, dont la pensée précise et synthétique convient bien aux situations périlleuses. Au pied de ce passage si redouté des grimpeurs amateurs, théâtre malheureux de trop nombreux accidents, il s'est contenté de ce maigre conseil : « Tu te colles à moi, c'est tout droit. » Soit. À ce moment-là, nous marchons depuis six heures, partis tôt ce matin du refuge du Requin. Trop concentré sur la gestion de ma respiration, j'avais réussi à perdre un crampon sans même m'en rendre compte – niveau tête en l'air, je n'en suis pas à ma première étoile. René, sidéré, n'avait pas pris le temps de m'enguirlander. Il était redescendu illico sur les moraines enneigées jusqu'à débusquer le crampon vagabond, qu'il avait relacé sur ma chaussure d'un geste ferme. L'ascension s'était poursuivie sans heurts, en quittant les éboulis préhistoriques de la mer de Glace pour baguenauder de dune en dune sur le glacier ensoleillé. Après mille mètres de dénivelé, l'effort et le panorama m'enivraient. Mais je flairais le coup de Trafalgar.

Dans les nuages apparaissait au loin la tour sombre de l'aiguille, semblable aux forteresses maléfiques du *Seigneur des Anneaux*. Pour y accéder, je devais à présent gravir une arête phénoménale, qui faillit me rester en travers de la gorge.

Pile à cet instant, la brume s'invite au bal. Plus question de reculer, il ne faut pas traîner. Cette purée de pois amplifie certes l'aspect dramatique de l'épreuve, mais c'est un cadeau de la montagne. Car le vide a disparu en même temps que le paysage. Le danger imminent des cinquante derniers mètres reste palpable, mais je ne le vois plus. Le vent est faible, donc clément pour les faibles. Encouragé par les éléments, paré à refuser le rôle de l'homme qui tombe à pic, je m'engage dans la trace comme un soldat, serrant bâton et piolet, focalisé sur les bottes noir et jaune de mon guide qui mordent le sentier de leurs pointes acérées. Je n'ai qu'à faire comme lui, ni plus ni moins.

Hélas, la peur appelle des comportements irrationnels. Petit à petit, je rétrécis. Sous l'effet conjugué de l'inexpérience, de mon équilibre incertain et de la perspective de la chute, je me recroqueville de minute en minute. Au point de progresser sur la bosse comme un vieillard bossu. Dans l'espoir de me rapprocher du sol et donc d'éloigner les précipices. Mais qui peut supporter de marcher penché, pendant la brève demi-heure que doit durer la traversée ? Ma colonne vertébrale ne résiste pas longtemps et, n'y tenant plus, je me redresse d'un trait. Avant de basculer en arrière, en criant.

L'espace d'une seconde, je suis foutu.

Je suis sauvé par une main posée sur mes fesses avec délicatesse. Main qui exerce une simple poussée en sens inverse, pas plus intense qu'une pichenette, un coup de pouce pour que je retrouve mon axe. (Cette providentielle main au cul, venue d'Europe de l'Est, appartient à Petra Sudakova, l'athlétique compagne de René, qui me suit depuis l'aube, fermant la cordée en toute sécurité. Une femme capable de remonter la mer de Glace en tongs, voire de bâiller d'ennui sur des via ferrata escarpées, une Amazone tchèque en qui j'ai eu, dès les premiers jours, toute confiance.) Pourtant, l'adrénaline de ce mouvement de balancier me permet surtout de céder à la panique, m'écroulant à quatre pattes dans le mini-couloir neigeux. J'aimerais reprendre mes esprits – ou appeler ma maman, allô, allô ? –, mais c'est justement là, dans cette seconde critique, que survient un second événement incontrôlable. Une voix masculine, rugueuse, énervée, beugle soudain à mes oreilles.

– DON'T MOVE, OK ?

D'où sort cet homme ? Que fait-il brutalement derrière moi ? Comment a-t-il pu dépasser Petra ? J'ai le nez dans la neige, je ne peux pas, je ne veux pas le regarder, le vent se lève, je ne peux pas en dire autant de moi, j'ai l'impression que René souhaite m'aider, mais toute approche est condamnée par notre nouveau compagnon de voyage, dont le crampon se plante à deux centimètres de ma main gauche et gantée, et qui reprend sa gueulante pour m'inciter à ne pas bouger. À laquelle je réponds, stoïque et discipliné, bien obligé :

– I WON'T MOVE ! I PROMISE !

Promis, car il est vrai que dans ma position actuelle, bébé trouillard à genoux sur la plus haute aiguille de Chamonix, je n'ai pas du tout l'intention de bouger voire d'empêcher l'avancée de ce chauffard en colère, qui passe en force devant moi, puis devant René éberlué, immédiatement suivi par deux autres personnes, sur une voie aussi étroite qu'un escabeau, à moins de vingt mètres de l'arrivée.

Et tandis que la cordée m'enjambe pour achever sa montée avec trois fois rien de condescendance, me revient en mémoire cette phrase des *Conquérants de l'inutile* de Lionel Terray, l'un des ouvrages de référence de l'alpinisme, publié en 1961. « C'est un sport stupide qui consiste à grimper les rochers avec les mains, les pieds, et les dents ! », déclaration attribuée à la mère de l'auteur, quand il était môme, bien avant qu'il ne se mette à ouvrir des voies dans l'Himalaya ou en Patagonie. À chacune de ses courses, Terray cherchait à retrouver une « délicieuse inquiétude ». Dans ce livre remarquable, il détaille son éthique et sa philosophie, cette façon d'aller « cueillir des roses aux frontières de l'impossible ».

Délicieuse inquiétude, il n'y a peut-être pas mieux pour décrire la réaction de mes proches en apprenant que, moi, sportif proche de zéro, bigleux comme pas deux, finaliste annuel aux championnats du monde des empotés, fêtard gourmand doté d'un charmant petit ventre à bière, descendant d'une longue lignée de cardiaques et intello poli du 20e arrondissement de Paris, j'irai bientôt cueillir des roses au sommet du mont Blanc.

1

Devenir le premier écrivain dans l'espace

C'est en ces termes que je me suis présenté au premier jour de cette aventure, un matin de janvier, dans les bureaux parisiens des éditions Paulsen. Cette idée, trouvée la nuit précédente en regardant la lune : être le premier auteur issu de la société civile à participer à un vol suborbital, la première personne à n'être ni scientifique ni militaire et franchement pas milliardaire, un garçon plus ou moins ordinaire presque pioché au hasard, à témoigner des joies de l'apesanteur dans une navette en rotation au-dessus de la planète. Je ne plaisantais qu'à moitié.

– Intéressant.

Cette réponse concise, mesurée, affable, fut suivie par trois minutes de blanc – visiblement, mes interlocutrices se demandaient si j'étais sérieux. Elles parurent toutefois prendre plaisir à imaginer la logistique visant à mettre sur orbite un zigoto de mon acabit et le coût astronomique d'un reportage en immersion sur les balbutiements du tourisme spatial.

– On verra dans quinze ans. En attendant, nous avons une proposition.

L'une des éditrices, dont l'autorité tranquille et les courts cheveux gris n'étaient pas sans rappeler M., la patronne des Services secrets britanniques incarnée à l'écran par Judi Dench dans mes James Bond favoris, ouvrit un grand cahier sombre qui semblait contenir des ordres de mission pour des agents du monde entier.

À la seconde, je me vis projeté dans la jungle malaise sur les traces de Lord Jim. Au Mexique, chez les Indiens Tarahumaras d'Antonin Artaud. Ou encore au Botswana, dans les vestiaires de la prochaine édition de *L'Homme le plus fort du monde*, délirant championnat d'haltérophiles où se distinguait ces dernières années un Islandais monstrueux, Hafþór Július Björnsson, beau bambin barbu de 180 kilos pour 2,06 mètres, capable de porter sur vingt mètres 450 kilos de congélateurs et surnommé – depuis son apparition dans la série télévisée *Game of Thrones* – « La Montagne ».

Que j'allais rencontrer de près, mais pas tout à fait comme je le croyais.

– Que diriez-vous de grimper sur le mont Blanc ? Il existe des centaines de récits d'ascension, des milliers de livres sur le massif. Mais très peu sont écrits du point de vue d'un novice. Un guide superviserait votre formation. Oui, non ?

Parmi toutes les choses qui s'entrechoquaient dans mon esprit à l'instant de saisir au vol cette opportunité, figurait d'emblée cette question cruciale : bigre, étais-je capable de relever un tel défi ? Le plus haut sommet d'Europe occidentale ! Ce n'était pas comme siffler sur la colline en allant cueillir un petit bouquet d'églantines.

Ces quinze dernières années, le sport se résumait pour moi à une heure de jogging au parc, une fois par trimestre. À du foot entre copains, très rarement. Et, révolution, à une inscription récente dans un club de boxe pour un cours hebdomadaire d'une heure, harassant mais vivifiant. En revanche, je danse dès que possible ; mouvements spectaculaires, exercice garanti. Bilan que je partageais sans embarras.

– Faisons venir Criquet.

M. avait appuyé sur un bouton. L'homme au bout du fil surgit alors dans le bureau, fidèle aux caractéristiques de l'insecte souple qui lui valait ce surnom ailé : de *respiration aérienne*, il semblait *marcher en volant*. De son vrai nom Christian de Marliave, directeur scientifique de la maison et spécialiste des régions polaires en direction desquelles il organisait souvent d'incroyables expéditions, ce mathématicien né à Chamonix, treize fois vainqueur du pôle Nord et cinq fois du mont Blanc, tendit vers moi ses antennes multiarticulées.

– Poids, taille ?

– 1,87 mètre, 87 kilos.

– Quel âge ?

– Trente-quatre ans. L'âge d'homme, selon Michel Leiris.

– Tu fumes ?
– Non.
– Tu bois ?
– Jamais seul.
– Les drogues ?
– Pas touche.
– Sport ?
– Très peu.
– Sujet au vertige ?
– Pas que je sache.
– Expérience de l'altitude ?
– Il y a dix ans, au Tibet. Cinq jours à Lhassa, dont une excursion autour d'un lac gelé à 4 441 mètres, sans le moindre mal de tête.
– Problèmes de santé ?
– Rien, sauf un souffle au cœur. Ça compte ?

Diagnostic immédiat :
– Il y arrivera.
J'ai pensé à mon père. Je n'avais pas encore dit oui mais je savais, au fond de moi, que c'était scellé. Si la météo m'était favorable, l'ascension aurait lieu fin juin ; dans six mois. Certains itinéraires furent évoqués, ainsi que des entraînements préalables en Haute-Savoie incluant une ascension d'un mont dit « Maudit ». C'est aussi à ce moment que j'entendis pour la première fois le nom du véritable héros de cette histoire : René Ghilini. Il fallait le convaincre de m'accompagner, mais ce qu'ils disaient de lui me plaisait. Facétieux, bavard,

en activité depuis quarante ans dans la vallée, réputé pour son anticonformisme mais toujours ultraprudent avec ses clients. « Un sacré numéro. »

Ou plutôt, bang-bang : « Un cow-boy. »

2

Antécédents cimiesques

Serre Chevalier

MAIS POURQUOI DIABLE avais-je accepté si vite ? Quelle est ma relation à la montagne ? Remontons la via ferrata de la mémoire, piton par piton.

Vingt ans de suite, chaque mois de juillet. Pendant trois semaines. Lovés au creux des Hautes-Alpes, à basse altitude. Dans un camping deux étoiles de la commune de Chantemerle. Au bord d'une rivière que les grands nommaient torrent pour dissuader les enfants de tomber dedans. Près du parc national des Écrins et de la frontière italienne. Écrin total des souvenirs familiaux. Je ne crois pas nous avoir vus, mes parents, mon frère et moi, plus détendus, plus épanouis qu'ici, sur l'emplacement n° 303, la caravane tournée vers l'étang, devant cet auvent qui doublait la surface habitable, avec le barbecue ouvert à tous : grands-parents, cousins, amis de passage, voisins de pelouse. L'été dans une station de sports d'hiver, celle de Serre Chevalier. Mon père attendait ça toute l'année.

Avalanche de premières fois. Premier vélo sans roulettes, premières gamelles. Premier coup de foudre à six ans pour une fillette aux yeux noisette lors d'une partie de cache-cache. Première élévation : dans le téléphérique de Serre Ratier, cabines rouges ornées d'un aigle noir. Premières nuits sous la tente, lecture de *Gaston Lagaffe*, Jules Verne, La Fontaine, Nabokov (*Lolita*) ou d'un roman dérivé de *Star Trek*. Premières amitiés durables, étayées au fil des années par d'adorables correspondances, deux lettres par semaine en moyenne, le temps d'une décennie de confidences pré-internet ; donc, première expérience de l'écriture. Premières nuits dehors, en respectant d'abord les horaires de couvre-feu, puis non. Première bière, un panaché, au pied d'une piste noire ; première ivresse, légère. Premier baiser tardif, à seize ans, vers minuit, devant le bloc sanitaire, déposé sur les lèvres d'une danseuse provençale qui, pour m'encourager, me souffla : « Embrasse-moi, idiot », comme dans les années soixante ; première boîte de nuit, le lendemain ; premières larmes d'amour au moment de son départ, le surlendemain. Première nuit à la belle étoile, dans un transat partagé avec une fondue de snowboard.

Mais pourquoi là en particulier ? Pourquoi, chaque année, depuis notre ville de Miribel à proximité de Lyon, tirer notre caravane allemande jusqu'à Grenoble, lui faire traverser l'Oisans, slalomer sur les lacets du col du Lautaret avant de se laisser glisser dans le Briançonnais ? Ces vallées parsemées de chalets, de marmottes et de gentianes que mon père avait découvertes ado, grâce aux parents d'un copain qui l'emmenaient en vacances avec eux. Ces vallées qu'il n'a plus quittées, paisibles, minérales, conviviales et réconfortantes, explorées en compagnie de ma mère. Leur conquête entêtante, dévoilée ensuite à mes oncles et à mes tantes.

Ces vallées de lumière, où j'effectuai ma première ascension, à sept ans.

– Le plateau d'Emparis, par Le Chazelet. En face des Écrins, on voit tous les sommets : la Meije, le Râteau, le glacier Blanc… Avec la fille d'un couple d'amis, vous avez marché douze heures d'affilée sans vous plaindre. Et après avoir dormi dans la voiture sur le chemin du retour, à l'arrivée vous êtes repartis faire du vélo, tandis que nous en étions, nous les parents, à l'heure des reconstituants énergétiques : kir, whisky, rosé, accompagnés de quelques toasts.

Mon père me rappellera également notre descente du col de la Ponsonnière, « les fesses sur un K-Way ». Cette tempête de neige estivale, au retour des Rochilles. Et l'aiguille Rouge, gravie à dix ans, pic septentrional du massif de la Vanoise, au nord du mont Pourri, qui se termine – à 3 226 mètres – par une série de virages en « s », très pentus. « Certains s'accrochaient aux brins d'herbe, d'autres en bavaient à quatre pattes… Toi, tu es monté. »

Pourvu que ça dure.

3

Allô, René ?

Est-ce que tu pratiques le tantrisme ?
Premier contact avec René Ghilini, cinquante-neuf ans.

Soucieux de mettre un doigt d'hygiène dans ma vie quotidienne en prévision de l'ascension, je l'appelle un vendredi de février, juste avant le dîner. Désarçonné par cette entrée en matière, moi qui ne connais pas encore la doctrine tantrique et ses rituels pour intégrer le désir dans la spiritualité, je réponds : « Non, pourquoi ? »

– La dernière fois que j'ai accompagné quelqu'un comme toi sur le massif, je veux dire, quelqu'un sur commande, c'était Sting, le chanteur de Police. Eh bien, au retour, il n'a pas arrêté de me parler de ses séances de tantrisme avec sa femme. Donc si toi aussi tu fais partie de cette catégorie pénible de zozos obnubilés par leur libido, pas la peine d'insister. Le tantrisme, je préfère m'y atteler en direct avec une beauté tchèque.

Derrière lui se fait entendre un rire clair, qui joue gentiment la comédie de l'embarras. La voix de René, aiguë, trahit son caractère espiègle.

– Bon, tu es sympa ou pas ? Je me fiche de savoir si tu es un grand écrivain, d'ailleurs je n'ai pas lu tes livres. L'important, c'est : sympa ou pas ? Est-ce qu'il est drôle, ce Monsieur Richard ? Là où nous allons, ce sera plus utile qu'une habileté à tricoter de belles phrases. Petra aussi aimerait beaucoup que tu répondes à la question. Surtout si tu viens vivre avec nous.

Je ne sais pas encore qui est Petra, pas davantage qu'il est déjà question d'emménager chez eux, mais je peux affirmer, sur la base d'une enquête assez fiable, que je suis sympa, oui. Piètre athlète, mais d'un tempérament qu'il n'est pas exagéré de qualifier de primesautier.

– Bien. L'autre chose que je dois vérifier, c'est si tu tiens debout. Il faut que je te voie marcher. Quand peux-tu venir à Chamonix ?

Après consultation de nos agendas respectifs, le dieu malicieux du hasard place notre rencontre à la date du 1er avril. Ce n'est pas une blague.

– D'ici là, tu vas t'entraîner. Tu dois te faire *un fond de santé*. Il faut que tu habitues ton cœur aux efforts longs, à le faire travailler en résistance. Et le plus simple, pour ça, ce sont les escaliers. Monter et descendre des escaliers. Celui de ton immeuble peut faire l'affaire. Car l'essentiel de ce que tu demanderas à ton corps une fois sur place, c'est ça : monter, descendre, tenir le coup. Si tu peux le faire en courant, c'est mieux. Au moins une heure, deux fois par semaine. Si tu peux y ajouter quatre heures de vélo ou de tapis roulant une ou deux fois par mois, c'est très bien. Et tu ne prendras plus jamais d'ascenseur ni d'escalator. Toutes les marches qui sur ta route apparaîtront, te les coltiner tu devras.

Merci, Yoda. Reste à dénicher un escalier. Celui de mon immeuble, sur cinq étages ? Les locataires apprécieront. Non, j'ai mieux : je sais à qui m'adresser pour ce genre de mission commando, stimuler mon palpitant, décrasser la carcasse, déballonner la bedaine. À ce propos, la bouffe ? Restrictions alimentaires ?

– Je préconise un régime à base de jambon de Parme et de reblochon, comme tous les montagnards. Voire de *sekaná*, une spécialité tchèque que Petra cuisine divinement, un pain de viande composé de bœuf trempé dans du lait, de légumes farcis, d'œufs et d'épices. Je n'ai pas de conseils à te donner de ce côté. Ne t'empiffre pas, évite la bière à tous les repas. Si t'es pas trop gras, si t'es pas trop manche, on devrait s'en sortir. Salut !

4

« Si l'entraînement est difficile, la guerre sera facile »

Dicton que je tiens de mon ami Laurent Bastide, journaliste pour l'armée de Terre élevé au grade de commandant, qui a déjà ressenti le danger lors d'opérations en Afghanistan, en Centrafrique ou au Kosovo. Positivement « jaloux » de l'opportunité qui s'offre à moi, ce solide gaillard se propose de m'apprendre un zeste de discipline, en souvenir d'un reportage au massif du Mont-Blanc auprès du Groupe militaire de haute montagne, « laboratoire de la performance » pour ces troupes qui tutoient les sommets. Ça n'a pas fait de lui un spécialiste, mais ils ont évolué sur le glacier du Géant et dormi au pied des Grandes Jorasses. Laurent a également gravi le Tacul, le « petit mont Blanc » (4 248 mètres). Comparé à ma propre expérience, j'ai affaire à Reinhold Messner. Banco.

Drapé dans un seyant coupe-vent rouge sang tiré de sa garde-robe personnelle, je le suis un soir d'hiver dans les allées boisées des Buttes-Chaumont, l'un des poumons verts de Paris, où j'ai plutôt l'habitude de venir ronfler d'une sieste de vieil oncle dans la foulée d'un pique-nique arrosé de rosé.

La foulée, justement : il s'agit de démarrer pépère par un tour de parc, soit plus de deux kilomètres sous les platanes à éviter les poussettes, les retraités, les *hipsters* et les autres joggeurs. Puis d'appréhender les cadences éprouvantes de la course fractionnée : une minute de sprint, une minute sans forcer, une minute de sprint, une minute sans forcer, une minute de sprint, une minute sans forcer, une minute de repos. Trois fois d'affilée, un chronomètre à la ceinture. Au terme d'une demi-heure d'efforts à ce train-là, mon cœur battait la *batucada*.

Hagard, j'arpente en courant l'une des buttes qui jalonnent le paysage, doux mamelons de terre noire piqués d'herbe froide. Mon commandant m'invite ensuite à sortir du parc pour me montrer ma future salle de sport à ciel ouvert : un escalier de soixante-quinze marches, qui relie la rue des Pyrénées à celle nommée d'après l'auteur effroyable auquel j'ai rendu hommage dans mon dernier roman [1], Edgar Allan Poe. Vieux, sale et couvert de graffitis anars, propice à de nouvelles histoires extraordinaires, convenable pour qui souhaiterait procéder de nuit à un double assassinat loin de la rue Morgue, cet escalier coule sous l'arche d'un bâtiment vétuste abritant des dizaines d'appartements

1. *L'Aimant – roman magnétique d'aventures maritimes* (éditions Intervalles, 2016).

dont les fenêtres donnent sur le décor de ma sueur ; j'aurai un public, fantastique.

M'ayant ainsi indiqué le théâtre des opérations, Laurent m'abandonne pour honorer sa propre ascension : devenir père.

Par la suite, chaque week-end, j'essaierai de m'imposer 4 tours de parc, 8 descentes et remontées de butte et 8 montées et redescentes des marches Poe. Soit 4/8/08, pour honorer l'altitude du mont Blanc. Ce fétichisme numérologique, teinté d'un absurde qui me plaît bien, équivaut à 8 ou 9 kilomètres de course à pied, 2 kilomètres de butte et 1 500 marches arpentées. Pas mal. Hélas, cette exigence dégringolera en fonction de la soirée de la veille. Je me persuaderai vite qu'un tour de parc suffit amplement à m'échauffer, que l'entraînement repose avant tout sur ces satanées marches – que je grimperai parfois, sans me presser, à trente-trois reprises. Total : 4 950 marches, nombre supérieur à la taille de mon tourment !

Au fil des mois, ce n'importe quoi se figera. Je ne dérogerai plus à ce rendez-vous immuable et mobile avec moi-même, sans égard pour le manque de sommeil : chaque samedi, je m'astreindrai à trois tours de parc (7,5 kilomètres) et, nouveauté, les marches seront montées *en courant*. Dix fois de suite. Exit la butte, qui sert à que dalle. Fatalement, cette gymnastique me paraîtra facile, mais je n'en rajouterai jamais – faut pas pousser. J'y prendrai du bon temps, loin des écrans. Seul.

L'escalier d'Edgar a même donné lieu à des rencontres. Touristes admiratifs, clochards curieux, ou cet handicapé claudiquant des rotules toutes tordues, que j'ai eu des scrupules à doubler. Mon préféré reste ce drôle de gus, quadra bedonnant, marcel taché, pantalon de survêt' confortable, un après-midi de printemps silencieux. Je le vois descendre, lent, ignorant mes vapeurs ; il va se rafraîchir, tel le fauve à la source, d'une longue canette de bière chopée au supermarché d'en face. Puis se poste au pied des marches, debout, bibine en main, toisant mes efforts d'un regard mauvais. Un problème ?

– Bâtard. Tu me gâches mon plaisir.

– Monsieur, je…

– Chut. À quoi ça sert, le sport ? À mourir.

Jusqu'au dernier jour, je me suis demandé si cette préparation un tantinet surréaliste serait suffisante. Ma confiance en mes capacités était intuitive ; dans ma famille, les hommes ont toujours été forts : flic, boucher, soudeur, paysan, artilleur. Ma santé, elle, est stable, il faut juste veiller à ne pas abuser des bonnes choses.

Oui, voilà.

Ce n'est pas l'Everest, après tout.

Présomptueux ? On verra. Je vais vite le savoir : je suis attendu en Savoie.

5

René Ghilini : « Avoir le courage de dire : j'y vais pas. »

La voiture roule jusqu'à Coupeau, hameau de beaux chalets des Houches, sur les hauteurs de Chamonix, à flanc de colline, planqué dans une forêt de charmes et de mélèzes. Un gros chien noir m'accueille avec des aboiements protocolaires, signalant mon arrivée au maître. René Ghilini vit depuis 1988 dans un ancien centre de vacances à deux étages, casbah pour classes de neige qu'il a retapée pièce par pièce. Sa maison est chaleureuse, couverte de tapis népalais, afghans ou indiens, parsemée de statuettes aztèques, de lances massaïs, de céramiques incas ou de masques ivoiriens rapportés de ses expéditions, précieuses reliques de civilisations antiques.

Mon entraînement doit démarrer le lendemain, par un test. Mais d'abord, nous devons nous renifler. Ses premiers mots sont culottés. « J'ai mis un pantalon. Je passe ma vie en robe, normalement. En déshabillé japonais. » Passé ces troublantes considérations vestimentaires, je m'apprête à entendre, à la table de granit, dans une rivière de café, le résumé du *destin bizarre* d'un *bambino* agile né en février 1957 dans le Piémont (« pied/mont », ça marche bien), prédisposé pour la varappe, qui l'amènera à embrasser les métiers de guide, photographe, concepteur de parcs d'aventures, consultant pour des marques d'équipements sportifs, champion de deltaplane et surtout – activité secrète, dangereuse, légendaire et fructueuse – chasseur de pierres précieuses.

Sur chaque meuble scintillent en effet des cristaux multicolores, butin d'une vie de prospection. Sous ces auspices minéraux, ma formation commence par un enseignement oral – une conversation à bâtons rompus, mais pour parler d'alpinisme, est-ce bien prudent ?

D'emblée, René dévoile être devenu guide « totalement par erreur ». Son père, perceur de tunnels originaire de Bergame, est venu en France construire des conduites de barrages hydroélectriques dans les Pyrénées, l'Hérault, la Haute-Garonne ou le Cantal, avant d'installer la famille Ghilini à Chamonix. À l'époque, Renato Giulio a neuf ans et regrette les larges panoramas dégagés de l'Italie. « Tout à coup, l'horizon était fermé. Vertical. Encaissé. Avec un chaos de glace jusque dans nos pieds. Ça faisait peur, c'était austère. »

Son papa chasse. René l'accompagne traquer le chamois dans les bois ou cueillir des edelweiss. Le fiston aime aussi marcher dans les galeries souterraines creusées par son paternel, notamment sous la mer de Glace, où le duo récolte de très jolis cristaux, verts, jaunes ou rouges, qui fascinent le gamin. Le *destin bizarre* se manifestera sous la forme d'un énorme caillou planté en face de leur maison : le rocher d'escalade des Gaillands. « L'été, de la fenêtre de ma chambre, je voyais tous les jours des gens sur ce rocher. Les cordes, les mousquetons, je n'y comprenais rien. Je me suis rapproché et, d'instinct, je me suis mis à grimper à côté d'eux en observant ce qu'ils faisaient. Pour m'amuser. »

Un guide professionnel n'en croit pas ses mirettes. D'où sort ce gosse en baskets, sans protection, sans matériel, galopant en solo au sommet de la paroi ? Éberlué, l'homme incite notre acrobate à s'inscrire aux cours d'escalade. Début d'une histoire d'amour à durée indéterminée. Tous les jours ou presque, René, onze ans, zigzague sur la pierre tout en acquérant un réflexe qui ne le lâchera jamais : celui de « gratter des petits cristaux dans le rocher ». Vers treize ans, il s'engage dans des voies beaucoup plus compliquées. Jusqu'à défier mon futur adversaire, à mains nues. Tel un mini-Balmat.

– Mon premier mont Blanc, j'avais quinze ans. Sans technique, ou à peine. À chaque nouvelle tentative, j'avançais un peu plus. Et un jour, j'étais en haut. En godasses de randonnée, hein ! Sans vrais crampons. Je n'y croyais pas. "C'est ça ?" Je me suis fait pourrir par les guides que j'avais croisés ; à l'époque, peu de gens montaient seuls, comme ça, en se baladant. Si tu as la chance d'y arriver par très beau temps, la première fois, c'est féerique. Toutes ces montagnes à perte de vue… Le sommet de l'Europe !

Ce qui magnétise alors le jeune alpiniste, c'est le rapport tactile au minéral. Toucher la roche. L'étudiant Ghilini envisage en toute logique une carrière de géologue et rejoint l'institut Dolomieu de Grenoble. En 1979, il est en licence et s'apprête à partir en stage en Iran quand éclate la révolution islamique. L'ayatollah Khomeini prend le pouvoir et les entreprises françaises mettent les voiles. René se retrouve désœuvré. Au même moment, son copain Jean-Franck Charlet, déjà titulaire du diplôme de guide de haute montagne, lui suggère de revenir à « Cham' » pour vivre de ses aptitudes en altitude. Riche idée. En 1981 – tandis que, sans crier gare, je nais à Lyon –, René obtient son diplôme de guide.

– Ce métier est extrêmement valorisant. On donne aux autres ce qu'ils ne pourraient jamais avoir sans nous : des paysages inouïs. Le téléphérique de l'aiguille du Midi te permet de basculer en très peu de temps de la réalité quotidienne à cet univers magique – oui, magique ! – de glace, de lignes et de lumières. À l'étranger, c'est plus long d'accéder à l'extraordinaire. Depuis Chamonix, tu plonges dedans en claquant des doigts. Tu as une telle concentration de beautés… Et il y a ce truc que les clients te donnent en contrepartie de la course, comment on appelle ça, déjà ? L'argent. Quand, à la fin d'une seule journée de travail, tu reçois l'équivalent d'un quart de Smic, t'es content, surtout au début.

Le voici propulsé pour quatre décennies de cimes, qui dépasseront fissa les limites du massif. Népal, Argentine, Chili, Pérou, Bolivie, Équateur, États-Unis, Norvège, Russie, Chine, Royaume-Uni… Dans ces contrées, René a promené son piolet et connu la verticalité. Sur le Dhaulagiri (8 167 mètres), l'Annapurna (8 091 mètres), le Shishapangma (8 027 mètres), l'Aconcagua (6 962 mètres), le Fitz Roy (3 441 mètres). Et parmi toutes les dames de la haute qu'il a su conquérir, la belle bosse blanche des Alpes conserve ses faveurs. Pourtant, René l'a d'abord snobée.

– À vingt ans, le mont Blanc ne m'intéressait pas – ou alors par les voies les plus dures, côté italien. Quand tu es au top niveau physiquement, tu as l'impression que c'est de la rigolade, mais c'est faux : c'est une grande montagne, difficile. Je l'ai peu montée, cinquante fois environ. Certains guides l'ont gravie cent cinquante fois, d'autres ont frôlé les mille ascensions ! Mais cela demeure l'endroit où je me sens authentique et légitime, où je n'ai pas besoin de jouer un personnage. J'y suis moi, j'y suis chez moi.

René se rend au sommet plusieurs fois par an, principalement pour accompagner des amis n'ayant jamais vécu cette émotion. Parfois pour une heure, parfois quelques minutes. Parfois, le vent souffle si fort qu'il ne peut même pas s'y arrêter. D'après lui, le mont Blanc a une image très « débonnaire », laissant espérer à tout le monde la possibilité d'atteindre son point culminant.

– Tu peux vite basculer dans le drame. Cette montagne demande un engagement physique et technique. Il faut être en bonne forme, avoir des jambes agiles pour ne pas se prendre les pieds dans le chemin toutes les deux minutes. Si tu tombes, tu peux te planter le crampon dans le mollet. Tu peux aussi prendre une pierre sur la tête sous l'aiguille du Goûter. En passant tôt le matin, ça va. Mais tu n'es jamais à l'abri d'un abruti en surplomb qui fait tomber des cailloux. Ça m'est arrivé la dernière fois, heureusement j'avais un casque. Personne, parmi mes clients, ne s'est jamais blessé. Je touche du bois. Si ça t'arrivait, tu serais le premier.

À ces paroles, j'avoue avoir blêmi. Le crampon dans la joue, j'en suis tout à fait capable, de même que les pieds qui s'emmêlent en triple nœud marin. Et s'il faut considérer le risque d'une pluie de météorites sur le front, je ne suis plus vraiment sûr d'être l'homme de la situation. Pour me rassurer, j'ai besoin d'avoir – au moins – deux fois plus confiance en lui qu'en moi. Je demande donc à René de développer sa conception du métier, sa ligne de conduite.

– Pour rester vivant, il faut accepter de renoncer. Et je te jure, c'est super dur. Si tu as de la neige jusqu'aux genoux, si la distance est longue, si la pente est trop raide, si la neige est trop molle, tu ne tiens pas. Il faut savoir faire demi-tour. Avoir le courage de dire : j'y vais pas. En skis ou en deltaplane, idem. Les clients m'écoutent en général. Les copains, c'est plus coton.

Si tu as du bon sens et le respect de l'environnement, tu as des chances de devenir un bon *vieux* guide. À vingt-et-un ans, j'avais déjà droit de vie et de mort sur mes clients. Si tu fais une connerie… C'est une responsabilité colossale. Ce qui nécessite de rester physiquement au niveau pour pouvoir assurer la sécurité des gens qui t'accompagnent.

René assure. Depuis quarante ans, ce désormais quasi-sexagénaire, baraqué, pratique une activité physique intense au minimum quatre jours sur sept. En s'imposant huit cents à mille mètres de dénivelé avec son matériel sur le dos, de la musculation (beaucoup de tractions, pour être par exemple en mesure de repêcher quelqu'un d'aussi lourd que moi, en cas de glissade) et de fréquents corps à corps avec son béguin d'adolescence : les murs d'escalade.

De surcroît, René ne fume pas et n'avait jamais bu une goutte d'alcool avant ses quarante-cinq ans. À la naissance de son fils Arthur, en 1984, il a pris une cuite, quand même. Sévère. Son beau-frère tenait le bar dans un pub et après une, deux, trois coupes de champagne, il a le souvenir d'en avoir enquillé mille… et ne pouvait plus bouger. Il boit maintenant un peu de vin, un verre ou deux par semaine – derrière lui se trouve d'ailleurs un cellier bien fourni – et organise une fois l'an des « dîners œnologiques » avec des vignerons du Rhône qu'il balade dans la vallée blanche pour, au retour, déguster de grands crus.

Ma leçon introductive touche à sa fin. Nous avons brisé la glace. Il enchaîne alors : « Je suis guide l'hiver. Mais ce n'est pas mon activité principale. »

Le reste de l'année, Ghilini chasse les cristaux. Principalement dans le massif du Mont-Blanc, à la confluence de ses deux passions : l'alpinisme de très haut niveau et la minéralogie. Protogine, feldspath, gneiss ou fluorines roses n'ont guère de secrets pour celui dont le chien, qui ronfle à nos pieds, s'appelle Quartz. Débusquer ces pierres parfois âgées de vingt-cinq millions d'années, enfouies des millénaires à vingt-cinq kilomètres de profondeur avant d'être « recrachées » par les glaciers, implique d'explorer des parois périlleuses où souvent personne n'a jamais eu l'idée de poser un orteil.

– Il faut savoir observer… et avoir de la chance. Paradoxalement, les plus grosses découvertes des cinq dernières années ont eu lieu dans des « fours » faciles d'accès, moins élevés, à cause de la fonte des glaces. En moyenne, un cristallier trouve et redescend deux à trois cents kilos de pierres par an. Dix pour cent ont de la valeur, le reste est destiné aux boutiques de souvenirs. Mais tant que tu n'as pas intégralement nettoyé les cristaux, tu n'en sais rien.

En août 1994, sur la face ouest de l'aiguille des Pèlerins, René introduit sa main dans un trou pas plus gros qu'une tasse et sort… l'une des pièces les plus prisées au monde dans sa catégorie. Une fluorine rouge à huit faces, en forme hypnotique de double pyramide (l'une à l'endroit, l'autre à l'envers, soudées par la base), à la lucur puissante et mystérieuse de rubis rouge vif, baptisée « l'Œil de l'idole » – nom qui me transporte, en un claquement de fouet, dans un film d'aventures des années trente. Elle sera vendue à un ami collectionneur de Bourg-en-Bresse.

*

Quartz. Je tends la patte pour caresser ce brave toutou de douze ans, fruit de l'accouplement d'un Beauceron et d'une Bouvière bernoise, qui escorta souvent René sur les rochers, affublé d'un baudrier dans les passages les plus risqués. La main gauche de René flatte à son tour la tête du cabot flegmatique.

Une main cabossée, dont les doigts peinent à se plier. Son histoire, liée à une montre, est d'une durée de quatre ans, deux jours et deux heures.

6

Contre la montre

Ma montre ?

– Quelle montre ?

– Vous ne l'avez pas ?

C'est un modèle que Rolex a offert à René après son décollage en deltaplane du Huascarán, au Pérou, en 1977. Une montre *Explorer II* dite *Steve McQueen*, en acier, très discrète, qui s'est peu vendue à sa sortie, que les gens s'arrachent aujourd'hui [2].

18 juin 2001. Sous la dent du Géant, face au refuge du Requin, Ghilini cherche des cristaux avec ses copains guides, Jean-Franck Charlet et André-Pierre Rhem, sur une paroi verticale très en hauteur. René a sa montre au poignet. Lors d'un passage complexe, elle l'empêche de glisser sa main dans une fissure, une toute petite prise,

2. En 2016, un modèle d'occasion oscillait entre 7 500 et 25 000 euros. L'hommage à l'acteur de *Bullitt* est un peu abusif, car il n'existe à ma connaissance aucune photo de lui la portant. Le *King of Cool* ne quittait presque jamais sa célèbre *Submariner*, l'un des classiques de Rolex.

pour prendre appui et progresser. Il la pose alors sur le seul endroit à peu près horizontal de cette paroi, un rebord de dix centimètres carrés. L'obstacle surmonté, il est trop loin pour la récupérer ; enfin non, il aurait pu, en installant un piton, mais comme ses deux camarades le suivent, il se dit qu'ils vont l'attraper au vol, sa tocante élégante.

Mais André-Pierre et Jean-Franck sont concentrés sur la traversée et ne la voient pas.

Tic-tac, tic-tac. La montre va rester quatre ans dans cet endroit vierge, dénué de câbles et de traces d'activité humaine. Sous une aiguille alpine, des aiguilles métalliques sommeillent dans leur botte de foin granitique.

Après quatre années à se répéter qu'il y retournera demain, René annonce à un autre compère, Olivier Greber, quarante-six ans, guide de haute montagne depuis 1986, qu'il part la chercher. Veut-il l'accompagner dans cette chasse au trésor ? Doublée d'une cueillette aux cristaux ? C'est oui.

Ne se fiant qu'à son intuition, de vire en vire, René retrouve son itinéraire.

Miracle : la montre est là, au même endroit. Posée dans un petit écrin de sable tombé de la paroi au fil des ans. Et elle marche encore ! Elle a résisté à toutes les intempéries, à la pluie, au vent, à la glace. René la remet au poignet gauche, la remue, tac, c'est une automatique, clic-clic-clic-clic. La Rolex repart nickel, on dirait un spot publicitaire pour l'horlogerie suisse. Elle indique midi vingt, et le jour : le 20 juin 2005.

Tic-tac. René et Olivier descendent la paroi sans problème sur cent cinquante mètres. Ils ne sont pas encordés mais rattachés à un amarrage, par sécurité. Lors du dernier rappel de la journée, juste avant de reprendre pied sur la neige, René fixe la corde mais... l'amarrage lâche, comme dans les dessins animés. Olivier, lui, n'y était pas encore relié.

René reste un millième de seconde – toute une vie – dans le vide.

Et tout s'effondre.

Il tombe d'environ cinquante mètres, l'équivalent de vingt étages. À quelques secondes près, Olivier s'y attachait aussi et il y aurait eu deux morts.

– Je l'ai vu partir, raconte Olivier Greber. Il avait fait très chaud les jours précédents, tout avait fondu. L'amarrage du rappel s'est disloqué en une fraction de seconde. J'ai hurlé « René, attention ! » mais c'était trop tard. Grand moment de solitude. Et je n'ai plus de matériel, rien.

René s'impute entièrement la faute. S'il avait été « très très très » prudent, il aurait examiné tous les rochers. D'ordinaire, il est maniaque, pointilleux, très technique en ce qui concerne les amarrages, la façon de fixer les cordes autour d'un bloc de rochers. Il en a fait des centaines. Mais comme il a réalisé l'amarrage à cet endroit quatre ans auparavant, il vérifie trop rapidement la solidité du bloc ; la journée est belle, il n'y a pas de raison d'être excessivement prudent, il accroche sa corde et descend. Seulement, en quatre ans, la température du rocher a monstrueusement augmenté. La glace à l'intérieur, qui était à l'époque dure comme du béton, a fondu. Ce qui ne se voit pas, en surface. René avance en confiance. Un peu trop, puisqu'il s'apprête à tirer sur un bloc tenu par une simple croûte…

René atterrira dans une paroi de glace en pente, très raide, à 45° ou 50° d'inclinaison. C'est ce qui le sauve. Il a glissé. S'il était tombé sur du plat, il était mort. Là, le choc est violent mais pas fatal. Il glisse sans s'arrêter sur une centaine de mètres en quelques secondes et finit dans une crevasse, avec tout ce qui vient derrière lui : les blocs de l'amarrage défectueux, la neige et un gros rocher de granit qui vient bloquer l'entrée de la crevasse. Une porte de tombeau, qui le protège des éboulements suivants. Mais il ne peut plus sortir. Serré, immergé jusqu'au cou dans la neige, dans la crevasse en sifflet.

Olivier, lui, est toujours sur la paroi, sur une surface large comme une chaise. Il n'a plus de corde et ne peut plus revenir en arrière.

– Je suis descendu de terrasse en terrasse aussi bas que j'ai pu, jusqu'à me retrouver sur trois mètres carrés. J'appelle René en criant, qui tarde à me répondre, mais finit par se manifester au bout de quatre minutes. Je lui demande si ça va. « Non, ça ne va pas du tout. » Je lui dis de s'accrocher, mais je ne sais pas où il est, je ne le vois pas.

Heureusement, Olivier a emporté son téléphone. Et heureusement, souligné deux fois, il y a du réseau. Cent mètres avant, il n'y en avait pas ; deux cents mètres après, non plus ; mais là, oui. Si le même accident s'était produit sur le glacier d'Argentière, où nos deux amis vont parfois chercher des pierres précieuses, ils étaient fichus : dans leurs coins à cristaux, il n'y a pas de réseau. Les secours mettent vingt minutes à rejoindre la zone. L'hélico localise Olivier. Un sauveteur mesure la gravité de la situation, accroche l'alpiniste au treuil et l'évacue direct.

Dans la crevasse, aucune lumière. Noir complet. René crie mais on ne l'entend pas, on ne le voit pas. Aucun bruit à l'extérieur. Il songe alors à la fin et s'assoupit, doucement. Il a froid, mais ne souffre pas. Momie verticale dans ce cocon de neige qui l'immobilise au millimètre près, sa tête est cependant libre et il ne manque pas d'oxygène. L'engourdissement le saisit. Sans être angoissé, il se sent partir, petit à petit. Congèle tranquille. Pense à sa mère, à sa famille, en se disant tout de même que, merde, c'est con de claquer comme ça, pour une montre, dans une prison de glace perdue sous la dent du Géant. Flegmatique en diable, il se dit : « Cette mort n'est pas désagréable. »

Tic. Tac. Tic. Tac. Son embaumement prématuré va durer deux heures.

Il entend les secours. Et les secours l'entendent aussi.

Le rocher est dégagé.

René sent que quelqu'un cherche à l'extraire de son sarcophage. Son sauveur tire très fort sur son bras gauche, pour vaincre la couche de neige qui le recouvre.

Immédiatement réchauffé à l'aide de couvertures thermiques, il est « shooté » de manière à pouvoir être transporté – la chimie lui fera voir un soleil brûlant sur le sable des Caraïbes. Sa température corporelle est tombée à 29 °C. Deux degrés de moins, une heure de plus dans ce cercueil immaculé et c'était fini. Les secouristes s'attendaient d'ailleurs à trouver un cadavre. Quand Olivier a voulu revenir avec eux, ils lui ont répondu : « Pas la peine, il n'a plus besoin d'aide. »

À l'hôpital de Sallanches, le personnel l'expédie en quatrième vitesse vers celui de Grenoble. Sur place, les médecins préconisent de le veiller jusqu'au matin. Ses organes vitaux sont peut-être endommagés. On peut mourir en quelques heures des séquelles d'une hypothermie. Il y passera la nuit, puis une semaine.

Miraculé. Il n'a *que* cinq vertèbres cassées, quatre côtes brisées dont deux qui lui ont perforé les poumons, une clavicule fendue, des dents pétées… Et la main gauche, handicapée de manière irréversible, à cause de la déconnexion d'un nerf à la base de la colonne vertébrale, qui part de l'omoplate jusqu'au bout des doigts, qu'on appelle le plexus brachial. Nerf qui mesure une dizaine de millimètres, au niveau de la dernière cervicale et de la première dorsale. René ne sait pas si c'est à cause de sa chute ou des secours, quand on l'a tiré très fort pour l'extraire de la neige.

Ghilini a récupéré 80 % de la connexion nerveuse, mais les 20 % manquants sont dramatiques : ce sont ceux qui permettaient à ses doigts de bouger. Il a appris à vivre non plus avec sa main gauche, mais avec un *outil* main gauche. Et son premier exemple pour illustrer les « embêtements » d'une telle situation, c'est de n'avoir « plus aucune sensibilité clitoridienne ». C'est important, s'exclame-t-il. Et pas seulement pour lui. L'humour est intact, au diapason de sa vie sensuelle.

Retourné en montagne dès la saison suivante, il lui a fallu six mois pour reprendre du muscle et refaire du sport, ski et randonnée. Puis un an après, de l'alpinisme pur, sans appréhension, pour voir s'il parvenait toujours à grimper, s'il avait encore de l'équilibre. Aujourd'hui, il s'estime bien plus vigilant qu'avant. Tant qu'on n'a pas connu la corde qui lâche, on n'y croit pas. Forcément, n'avoir qu'une main le gêne dans les passages difficiles. Mais c'est sa liberté. Celle qu'il a choisie avec le bout de ses pieds. Et dans des situations périlleuses pour le commun des mortels, me dit-il, il reste cool[3].

Néanmoins, il y a la douleur. Une douleur permanente au bras gauche, avec des pointes très violentes. Pour me la faire comprendre, René a trouvé cette image effrayante :

3. C'est d'ailleurs son véritable point commun avec Steve McQueen.

sa main coincée dans un étau que l'on serre, et qui, simultanément, serait brûlée au chalumeau par un sadique. Tous les jours, c'est ce qu'il ressent. Il a essayé les antidouleurs, vite abandonnés. Certes, il n'avait plus mal, mais ce grand bavard n'était plus capable de tenir une conversation poussée – complètement ramollo, tout juste bon à regarder des âneries à la télé. On pourrait croire qu'il suffirait de lui couper la main ou le bras… « Mais dans ce cas-là, il faudrait couper aussi la tête. » Car le bras, qui n'a subi aucune lésion, n'a rien à voir avec la douleur qui le mine. C'est le nerf déconnecté qui déconne, qui traduit mal les informations. Pour neutraliser ce nerf, il y a des solutions, comme le brûler dans la colonne vertébrale, avec de la chirurgie de très haut niveau. C'est risqué. Les spécialistes lui disent : « Si tu peux tenir comme ça, continue. »

René tient. Pour dormir, son mal nécessite une position précise – tout comme de repérer un programme soporifique sur la chaîne Histoire. Car la douleur se couche aussi. Il a tenté l'acupuncture chinoise, la chiropratique danoise. Soulagement réel, mais de courte durée. En montagne, son cerveau parvient à oublier le mal. Idem quand il est plongé « dans des galipettes de bonne qualité ».

Si c'était à refaire, oui, il irait chercher la montre à nouveau.

Mais – non, n'insistez pas – il ne la vendra jamais. En 2014, René est invité sur France Inter pour un entretien sur son métier de guide. La montre est évoquée. Depuis, un certain Fabrice, qui collectionne « les Rolex avec une histoire » et possède celles du commandant Cousteau et du volcanologue Haroun Tazieff, lui téléphone tous les ans, en faisant monter les enchères à chaque fois. La dernière offre s'élève à 25 000 euros. « Je la garde. Il ne l'aura pas. »

7

Kilomètre vertical

Dans le hall désert de l'hôtel Alpina, Chet Baker fredonne *Let's get lost*…

Mon entraînement commence le lendemain de cette rencontre avec René. Un manteau de brouillard couvre la vallée, tandis qu'un caban de marin couvre mes épaules pas si débrouillardes. Au seuil de la toute première épreuve physique de ce long parcours semé d'embûches, le mont Blanc, tel un amoureux timide, se dérobe à mon regard.

Mon guide observe mon accoutrement. Jean en toile légèrement *slim*, chaussures de rando premier prix, bonnet, pas de gants, pas de sac, ça ira ? OK, sauf le caban, troqué contre un anorak adapté au défi du jour. « On a tout, il ne manque rien ? » dis-je en sautant dans le 4×4 du miraculé de la dent du Géant, l'ex-fantôme à la Rolex qui, relax, ne conduit que d'une main. « Si, de la corde », que nous irons chiper dans le garage d'un copain.

Hurry up. Intitulé de l'exercice, prometteur : le kilomètre vertical. J'ai pour consigne de marcher le premier. Balade sur terrain sec, caillouteux, boueux par endroits, qui se corse vite ; à mi-parcours j'ai de la neige jusqu'aux genoux, mon pantalon est trempé, la pente est raide, de plus en plus, je m'accroche aux plantes, je mords des troncs morts et crapahute gaiement en souvenir de Sam Sagace sur les escaliers venteux du Mordor. Le ciel est plombé de nuages noirs, de la terre mouillée s'infiltre dans mes chaussettes. René court, il m'a doublé, je presse le pas en tirant la langue et celle de mon guide se délie : nous montons vers Planpraz, première section du col du Brévent, en bravant la voie qui sert d'ordinaire à évacuer les skieurs lorsque les télécabines sont en panne. Mille mètres de dénivelé, un mur velu de racines et de rochers.

Où mettre le pied, la question me passionne, mais mes doigts sont gelés à force de plonger dans la neige, mes doigts me brûlent, des échardes y pénètrent. Motus cependant, car on ne se plaint pas sur la route de Planpraz.

Au bout d'une heure, je pose une question élémentaire :

– T'as de l'eau ?

– Non. Et si j'en avais, je ne t'en donnerais pas.

La piste s'assèche et s'envenime. Nous frôlons des à-pics, les prises sont difficiles à identifier. René m'attache à lui et part devant, en laissant quelques mètres de mou entre nous. La corde qui nous relie ballotte à ma taille, le brouillard s'épaissit, le dénivelé s'enhardit et le rythme s'accélère. La corde me tire quand je ralentis, mon souffle s'emballe, je pousse, je sue, je m'excite, pause interdite. Et si je lui disais d'aller moins vite ? Non, j'en suis capable et je veux me montrer à la hauteur, m'élever. Oh oui, je me hisse. J'agrippe des câbles fixés dans la pierre, j'étreins des branches de sapin, jeu d'enfant grandeur nature, réalité augmentée de ludique granitique. Pourtant, le cœur me serre.

À l'angle du centième rocher, j'aperçois l'orteil d'une infrastructure. La montagne accouche d'un homme qui sourit.

Dans la cabine retour, René refait le match.

– Super. Tu n'as rencontré aucun problème. Le seul moment où je t'ai entendu souffler, c'est lors des dix dernières minutes, quand je t'ai forcé à marcher à mon rythme. Mille mètres de dénivelé en une heure et demie, c'est pas mal du tout. Moi, je le fais en une heure. Certains athlètes mettent trente-deux minutes, en courant, pour ne pas dire en sifflotant. En gros, l'effort que tu vas devoir fournir au mont Blanc, c'est la même chose, sur deux mille huit cents mètres de dénivelé, donc trois fois plus costaud, mais découpé en deux parties de cinq à six heures chacune – sans compter la descente. Avec, comme difficulté supplémentaire, le manque d'oxygène dû à l'altitude.

J'ai réussi le test. Le froc en vrac, les phalanges éraflées mais ivre de fierté, je m'enquiers des prochaines étapes de ma formation, dans deux mois, en juin.

– Juste avant l'ascension, pendant quinze jours, on va pratiquer la corde, le piolet, l'escalade. Tu dois apprendre à marcher avec des crampons sur des parois de glace et conserver ton équilibre – y compris sur une pente à 45°, pendant un quart d'heure, comme sur le mont Maudit.

Le mont *Maudit* ! Des *parois de glace* ! Bah, qu'importe. J'ai confiance en lui. Au lieu de trembler devant pareille prophétie, je choisis de voir les signes positifs que m'envoie le hasard. Au rayon Renseignements Généreux, mon professeur se prénomme comme mon grand-père paternel, que j'aimais beaucoup, et nous avons les mêmes initiales. De plus, en quittant R. G. après le déjeuner, je réalise qu'aujourd'hui c'est la saint Richard. En ce double jour de fête, mon mentor montagnard m'offre un livre jauni par le temps, publié en 1982. Sur la couverture, un homme ailé vole au-dessus de ruines mythiques. Titre : *Vagabond du vide*. Auteur : René Ghilini, qui fut le premier à s'élancer du Machu Picchu… en deltaplane.

À cœur vaillant, rien d'impossible. Toutefois, dois-je m'inquiéter de ce vilain point de côté qui m'a gêné le myocarde à la montée ? N'est-il pas l'heure de consulter des experts de cet organe palpitant ?

8

Mes histoires de cœur

DANS UN CABINET dit *d'explorations cardiovasculaires*, un docteur amorphe dispose une dizaine d'électrodes sur ma poitrine, mes cuisses, mes bras et mes poignets. Ventousé à un appareil chargé d'enregistrer l'activité de mon myocarde afin d'y déceler d'éventuelles surcharges ou anomalies, je reste allongé dix minutes, sans bouger. De belles américaines sont encadrées au mur.

Intrigué, je demande au toubib si ces bagnoles clinquantes des années cinquante ont été photographiées à Cuba, où j'ai prévu de me rendre en vacances après l'ascension. Son œil s'illumine. « J'y suis allé trois fois. Si vous aimez marcher, il y a des randonnées. Je me rappelle d'un énorme rocher, bordé d'orchidées et d'eucalyptus, à une demi-heure de Santiago. Est-ce une météorite ? Ou le résultat de l'éruption d'un volcan sous-marin ? On ne sait pas. Mais c'est gros, plusieurs milliers de tonnes. Par temps clair, du sommet, on peut voir Haïti. »

Chevaucher une météorite, docteur ? Êtes-vous en train de m'aider à devenir le premier écrivain dans l'espace ? Et le *corazón* ?

– Revenez demain pour les résultats. On vous fera aussi une échographie.

*

La menace est lourde. « Dans la famille, tout le monde est mort du cœur », résume mon père en exagérant à peine. À soixante-trois ans, il a survécu à trois infarctus. « Je suis une vraie machine à cholestérol, j'en produis beaucoup plus que la normale. Ça bouche mes coronaires. » Et ce problème concernait déjà son père, son grand-père, sa grand-mère, un arrière-grand-père… Malédiction héréditaire d'une lignée de cardiaques, qui jouissaient tous – tiens donc – d'une réputation de bons vivants. « Pour y remédier, on m'a posé des ressorts, qui tiennent les artères écartées et laissent passer le sang lorsqu'elles sont coincées. » Ouf.

(Côté maternel, l'enquête sera plus courte. Ma mère a le cœur solide, mais n'ayant connu ni son père ni ses grands-parents, impossible de savoir s'ils étaient fragiles à cet endroit.)

Mon épée de Damoclès. Ça me tuera aussi, si je continue à aimer si fort la bière et le jambon. Preuve médicale que je suis dans la panade, on m'a diagnostiqué très tôt « un petit souffle ». Un courant d'air. Lié à des turbulences lorsque le sang circule vers le cœur et qui témoigne d'une insuffisance de fermeture des valves mitrales. « Comme des portes qui s'ouvrent et se referment », m'explique-t-on à l'accueil du cabinet. « Banal de chez banal. Un Français sur deux a un souffle au cœur. »

Banal de chez banal, mais de temps en temps, comme lors du kilomètre vertical, j'ai des pincements, de la gêne, les portes qui grincent ; dans ces moments-là, il me faut toujours une minute pour reprendre mon (petit) souffle. Cela peut-il me fermer les portes du mont Blanc ?

« Un souffle au cœur peut être un vrai problème, m'a dit René. L'altitude oblige le cœur à monter très haut en rythme et en puissance. Quand le cœur envoie le sang oxygéné vers les organes, il en envoie moins, car une partie du sang "reflue", revient en arrière. Pour disposer de la même quantité d'oxygène, il doit tourner plus vite. Si ton cœur, ton sang, tes poumons sont habitués à l'effort, ça ira. J'y veillerai. »

*

– S'initier à l'alpinisme en démarrant par le plus haut sommet d'Europe ? s'amuse la cardiologue qui, dans la salle de consultation ensoleillée des clichés de La Havane, dépose un gel froid sur mon torse nu.

Sonde à l'approche. C'est ma première échographie, j'ai l'air d'un gros bébé. Sur l'écran noir, les données dessinent des pics jaunes. Aiguilles, bosses, crêtes.

– Tension artérielle : normale. Électrocardiogramme : normal. Bref, vous êtes un garçon normal qui va vivre des choses anormales.

Tandis que je réfléchis à cette phrase comme épitaphe potentielle à graver sur ma pierre tombale en cas de pierres tombantes, je découvre, ravi, lors de l'examen approfondi de mon dossier, que mon ventricule gauche est « non dilaté, non hypertrophié, sans trouble de la cinétique segmentaire » (qu'on me prenne en exemple : depuis des années, la gauche est au plus mal dans le pays, hypertrophiée par des luttes d'ego dilatés). Même topo à droite. Je constate en sus que l'orifice aortique possède des « sigmoïdes fines » (on l'imagine soudain souple, svelte et séducteur, cet orifice, pas vrai ?) et que son cousin, l'orifice mitral, est tout aussi fin et sans « fuite », ne montrant aucun signe de « sténose » c'est-à-dire de rétrécissement (en effet, je suis là pour grandir). De plus, sans trop m'épancher, mon péricarde ne présente pas d'épanchement. Chouette.

Mais la nouvelle la plus importante, celle qui méritait amplement l'analyse fouillée des conclusions schématisées de ce contrôle technique, cette nouvelle historique qui me sera révélée des mois plus tard, après avoir téléphoné au standard pour éclaircir un terme médical, la voici : « l'orifice tricuspide » ne montre « aucune insuffisance » qui permettrait « d'évaluer les pressions artérielles pulmonaires systoliques ». Relire cette phrase suffit encore à me faire battre la chamade. Orifice tricuspide adoré, je t'envoie ces pétunias, partons ensemble à Bali, Papeete, Trinidad. On ne dirait pas, mais ma vie, du moins la manière dont je l'envisage sur le plan physiologique depuis mes sept ans, vient de changer. Mon souffle au cœur a disparu !

– Vos portes s'ouvrent et se ferment très bien.

Faites sonner les cors des coronaires ! Le voici qui s'avance, qui rugit ! Richard Cœur de Lion !

– Je ne vois pas de contre-indications médicales. Cependant, par prudence, on va vous envoyer vers des confrères pour faire un peu d'exercice.

La palpitologue me tend en souriant un document, sur lequel elle a écrit :

« Cher ami,

Merci de pratiquer un test d'effort à M. Gaitet qui prépare une ascension du mont Blanc sans expérience de la montagne. »

Ainsi, la rumeur de mon aventure commence à se répandre dans le milieu de la cardiologie.

*

Clinique Turin, loin du Piémont, au sud-ouest de la place de Clichy. Autour de moi, une tripotée d'hommes en surpoids, de cinquante à soixante-quinze ans, courent, pédalent et dégoulinent dans leurs shorts synthétiques. Beau dans sa cruauté, un jeune médecin termine son pain au chocolat en criant des instructions à des papys au tapis qui, à ses pieds, travaillent leurs abdominaux.

En attendant mon tour, j'entame la lecture de *Spiridon superstar* de mon ami Philippe Jaenada, à propos des premiers Jeux olympiques modernes à Athènes, en 1896[4]. Le marathon, épreuve suprême, fut remporté par Spiridon Louis, modeste vendeur d'eau de Maroússi dont le cœur « fond pour une jolie fille du village, Eleni aux joues roses ». L'auteur cite Épictète, un stoïcien boiteux qui savait, malgré sa patte folle, motiver comme personne les aspirants champions de la Grèce antique : « Tu dois accepter une discipline, te soumettre à un régime, t'abstenir de friandises, faire de l'exercice sous la contrainte à une heure déterminée, sous la chaleur et dans le froid, ne pas boire frais, ni de vin. De plus, dans le combat, tu devras avaler de la poussière, parfois te démettre le bras, te fouler le pied, recevoir le fouet, et malgré tout, il pourra t'arriver d'être vaincu. Quand tu auras réfléchi à tout cela, si tu le veux encore, prends le métier d'athlète. »

Commentaire de Jaenada : « En ce qui me concerne, ça aurait été vite fait : "D'accord, finalement, je ferai pas athlète." »

Les trois individus qui s'occupent de moi n'ont ni fouet ni vin frais. Karine, blonde, musclée, dirige la séance ; un quadra jovial et moustachu, que j'ai envie d'appeler Jean-Miche-Miche, commente les résultats ; une seconde femme aux joues roses, appliquée, apprend

4. Éditions Steinkis, 2016.

à faire fonctionner la machine qui va mesurer mon activité cardiaque. Eleni, réincarnée.

Des électrodes sont de nouveau placées sur mon corps d'Apollon lunaire. Une petite boîte est ceinturée à ma taille. Devant moi, un vélo sans roues. Pour mesurer ma consommation d'oxygène à l'effort, objectif déclaré de ces olympiades en catimini, je dois pédaler à un rythme soutenu pendant dix bonnes minutes, le nez pincé, en respirant par le tube en plastique placé dans ma bouche, qui me fait baver comme un condamné à perpétuité chargé de présenter un concours de *lap dance* à Tijuana.

Sitôt installé, je pars beaucoup trop vite en pédalant comme un dératé, Virenque à la branque, mais c'est inutile : le compteur n'était pas enclenché. « Vous devez maintenir un rythme constant entre 60 et 70 », me dit Karine en indiquant un cadran, sans préciser que la difficulté va augmenter de minute en minute. Surprise : elle a fait le mont Blanc. « En huit jours. » Le tour complet du massif, en passant par la Suisse et l'Italie. Bien que sportive, ça ne l'a pas empêchée de revenir « complètement cassée », notamment au niveau des jambes.

Premier et dernier de cette course immobile, je rame pour rester dans les clous. La cadence s'intensifie, les pédales pèsent un moellon, la salive coule sur le maillot jaune du galérien. Pour ne pas faiblir, mes prières vont vers celui que je vois par la fenêtre : le Sacré-Cœur.

Sur la ligne d'arrivée, Karine me félicite :

– C'est bon. Vous êtes apte. Pour quelqu'un qui ne fait presque pas de sport, chapeau.

Alléluia. Lissant ses bacchantes, Jean-Miche-Miche note, serein : « Pas de trouble de la conduction ou de la repolarisation. Pas d'insuffisance chronotrope. Pas d'arguments en faveur d'une ischémie myocardique. » Bref, l'Eddy Merckx du courrier du cœur. Mais il a aussi écrit : « Malaise vagal en récupération. »

Car quand l'exercice s'arrête, au lieu de décélérer en toute tranquillité, je stoppe net mon effort et descends de selle, nigaud. Très vite, pris de vertiges, mes mains tremblent et juste avant de tomber dans les vapes, je perds les pédales. Panique. Je fais un infarctus, c'est sûr, la malédiction familiale s'abat sur moi, adieu. Karine m'aide à me coucher sur un tapis de course et m'incite fermement à lever les pieds. Cinq minutes plus tard, ça va mieux.

– C'est à cause du vélo. Vous avez concentré beaucoup de sang dans les pieds, en provenance de votre tête. D'où la perte d'équilibre. Si ça vous arrive en pleine montagne, ne résistez pas : allongez-vous et levez les jambes. Les accidents liés au malaise vagal surviennent parce que les gens refusent de céder au vertige et finissent par tomber. C'est la chute qui est dangereuse, pas le malaise lui-même. Donc : levez les gambettes !

J'obtempère sans tarder, les poussant hors de la clinique, un croissant dans la poche, complété aussitôt par un jus de fraises et un crumble poire-chocolat à la boulangerie la plus proche. La tête me tourne un chouïa, mais je suis apte. Apte ! Cœur de Lion sape, croque et brise les maléfices ancestraux !

9

Antécédents cimiesques
Désastre au Queyras

« Tu skies ? » m'avait demandé René.

Point sensible. Souvenir tragique, emmerdant. Mes parents ne skient plus. Comment peut-on vivre « à deux heures de la montagne » et ne pas s'adonner aux plaisirs de la glisse ? Cœur défaillant pour l'un, problèmes de genoux pour l'autre, en comptant le budget de ces loisirs frigorifiés, on comprend pourquoi ces Rhônalpins étaient frileux sur le tout schuss. Mais moi ? L'occasion se présenta, à la faveur d'une sortie scolaire. Ma seule et unique classe de neige.

L'action de ce drame se situe dans les environs de Saint-Véran, charmant village de deux cent quarante-neuf âmes qui se vante un peu vite d'être le plus haut de France, à 2 042 mètres. J'ai longtemps préféré tout occulter de cette humiliation. Je verse pourtant cette pièce au dossier, car l'événement structure encore tout ce qui concerne, en mon for intérieur, les sports d'hiver, l'estime de soi, l'orientation, la malchance et le burlesque.

J'ai douze ans. Nous sommes au dernier jour d'une longue semaine de février où nos professeurs ont tenté de nous inculquer des rudiments de ski de fond. Je ne suis pas nul, mais je ne montre aucun talent pour la poudreuse. En file indienne, soixante collégiens et leurs appareils dentaires traversent les plaines du Queyras. Tout est plat ou presque, doux comme les lièvres et les campagnols qui détalent au passage de ce convoi juvénile. La seule péripétie mémorable aurait dû demeurer ce virage manqué, cette pente masquée par des bosquets où s'empilèrent une douzaine de skieurs en détresse, agitant leurs membres comme des tortues sur le dos. Pyramide humaine à laquelle j'eus l'élégance de contribuer, riant de cette gamelle collective. C'était déjà, pour moi, le quarante-neuvième gadin de la journée.

Je revois l'autocar, au loin, se remplir de tous mes camarades essoufflés, contents d'abandonner leur matériel en prévision du goûter. Je le revois garé, au terme d'une piste large et nettement tracée, sans bosse, sans piège, qui dessine une longue courbe en « c » que tout le monde a suivie ; c'est curieux ce détour, que cherche-t-on à nous faire éviter ? Je revois cet enseignant qui me fait signe de me dépêcher, je suis le dernier, j'en ai marre, je suis crevé, le prof gueule encore, je me traîne, j'en ai au moins pour vingt minutes, le vieux car démarre, du blanc partout, je pourrais couper, tirer tout droit au lieu de me coltiner cette courbe interminable, ça irait plus vite. Mes skis quittent la piste, j'ouvre une voie, j'avance mieux, je trace, je tatane le sol de mes bâtons, je me chante une chanson, j'ai bouffé du lion, le prof crie toujours et m'ordonne de revenir en arrière, de rejoindre le chemin, je l'entends mal, j'ai de la buée sur les lunettes et de la sueur dans les yeux, mieux vaut continuer tout droit, c'est fastoche. Le car est de plus en plus proche, tiens, là où je marche la neige est un peu tachée de marron, marron clair, du nerf, plus que quelques mètres, malgré cette drôle d'odeur.

Mais sous la neige, une plaque de glace craque et révèle un trou rempli d'eau sale. Mes skis s'enfoncent, d'abord à mi-mollets, puis jusqu'aux cuisses, je coule dans l'eau brune où flottent des petits paquets filandreux, je me débats, merde, merde, merde, mes skis se coincent dans cette poche de neige qui pue et m'empêchent de m'extirper de ce merdier, j'en ai jusqu'à la taille maintenant, je jette mes bâtons, j'appelle à l'aide, l'eau marronnasse pénètre sous mes gants, imprègne mes vêtements, j'en ai dans le cou, au secours. Quelqu'un m'attrape par les épaules et me sort de là.

Ensuite, je ne me rappelle plus de rien. Plus jamais de ski, car la dernière fois je suis tombé dans une fosse à purin.

10

Les rêves de mon père

Je viens de résumer à mes parents le projet de ce livre et ses dangers. L'ascension est prévue pour la fin du mois. Dans la cuisine, le déjeuner est presque terminé, reste à descendre le dessert. Elle n'en mène pas large mais, pour rire, ma mère a concocté des œufs à la neige.

Je demande à mon père de nous raconter l'histoire de son amour pour la montagne qui, par voie de conséquence, forma mon goût pour la marche. Devant des névés de caramel, j'entends pour la première fois que mon flic préféré, passé par la PJ, la mondaine ou la brigade des stupéfiants, qui termina sa carrière comme commandant de la brigade criminelle et de répression du banditisme de Lyon, de fait arpenteur inlassable trois décennies durant de toutes les ruelles et sombres impasses de la capitale des Gaules, a voulu être chasseur alpin. Lui, dont l'entrée sur les pistes ne fut pourtant pas des plus stables.

– Ma première fois sur des skis ? J'avais dix ans. J'ai renversé l'intégralité de la terrasse d'un bistrot de

Courchevel situé en bas de la file d'attente des télé-sièges… J'ai loupé mon freinage.

Quatre ans plus tard, la moutarde monte au nez de ce petit Pierre Richard lors d'une course à l'échalote, en Savoie. On est en mai 68, il vit la révolution couché dans un lit à cause d'une jambe cassée entre Les Arcs et Peisey-Nancroix. Persévérant, skiant à Noël et au printemps, il finit par acquérir un bon niveau. « Les grands déserts blancs » sont pour lui une aventure extraordinaire.

À dix-huit ans, il réussit le concours d'entrée à l'école de police. Un voisin fait jouer ses relations pour qu'il effectue son service militaire dans les Alpes. C'est ainsi qu'il intègre – arrivant à la caserne les cheveux si longs qu'ils lui tombent au bas des reins – le 93e régiment d'artillerie de montagne de Grenoble, où il apprend les techniques de base du chasseur alpin.

– On vivait à skis. Il nous arrivait de rester quinze jours en montagne, au gré des stages de survie. Dans l'Oisans, le Vercors, la Meije – jamais en dessous de 2 500 mètres. J'ai terminé sergent. Je m'étais renseigné pour savoir si l'armée pouvait me garder, mais non. Puis je me suis pété le genou au rugby, un mois avant la fin du service, et j'ai perdu mon niveau de ski. Sans ça, j'aurais continué.

De ces tribulations de jeunesse en milieu frisquet, Papa skieur conserve des enseignements.

– J'ai découvert un monde que j'ignorais complètement, qui passe d'abord par une introspection : surmonter sa peur et développer sa force pour tenir, pendu à un bout de ferraille avec cinq cents mètres de vide derrière toi… Je n'ai jamais eu le vertige là-haut, alors que je suis incapable de monter sur une table. La cordée, les points d'ancrage me rassuraient. J'ai découvert *l'espace*, l'homme tout petit dans des paysages grandioses. Et la liberté complète, comme dans les livres de Frison-Roche. Tu décides. Tu fais. Tu réussis ou pas, mais t'as essayé. Dans mon boulot de flic, j'avais de bons résultats, on m'a foutu la paix. Mais j'avais besoin de retourner en montagne tous les étés, comme une soupape, pour me laver le cerveau de la misère du monde.

Et parmi les choses à oublier, il y a cette affaire orientale, étrangement liée à notre sujet.

En 2001, un couple de Français est tué en Inde. Suite à une mauvaise rencontre sur un sentier de haute montagne, un homme et une femme sont découpés en rondelles et balancés dans un torrent aux sources du Gange – n'ont été retrouvés qu'une cage thoracique et un morceau du bassin, qui ont permis de les identifier. Une enquête est ouverte à Grenoble et confiée à mon père, qui vient d'arrêter les assassins de deux Stéphanois au Sénégal. À charge pour lui de monter une expédition dans l'Himalaya. Gravir le mont Blanc fait partie de son entraînement pour mener à bien cette opération. À l'époque il a quarante-sept ans, une « pêche d'enfer », a vaincu de nombreux sommets des environs de Briançon et commence à échafauder son ascension du point culminant de l'Europe. Mais la météo se gâte en interne.

– En novembre, je fais un infarctus. L'été suivant, je repars en montagne, mais c'est très difficile. On me pose un ressort. Je tenterai encore une année ou deux, avant de renoncer. Je ne peux plus dépasser une certaine altitude. Le mont Blanc, c'est un mur, ça représentait l'Everest, pour moi : extrêmement prétentieux. C'était mon rêve.

Cette confidence m'a laissé tout étourdi. Découvrir *l'espace* encordé à René – prénom du père de mon père, signe d'une *renaissance* – me permettra-t-il d'accomplir à sa place le rêve extrêmement prétentieux de mon papa ? Dans *Vagabond du vide*, René Ghilini écrit ces mots, superbes, à propos de son père perceur de tunnels : « Son regard s'est posé sur plus d'un continent, mais il n'aura vu du monde que ses entrailles, que l'infernal chaos des mines qui éclatent, de la matière qui crie sous les marteaux-piqueurs. Un quart de siècle de mineur, de cécité. Un quart de siècle sans avoir le temps de ressentir l'automne, sans pouvoir respirer la pluie. » René, lui, vit sur les cimes à pleins poumons.

Ai-je le vertige, suis-je capable de monter sur une table ? Bientôt fixés, nous serons. Du moins, c'est ce que je croyais. Les dieux des grands déserts blancs en décidèrent autrement.

11

Pourri

Nous sommes le 12 juin 2016. Je suis censé partir pour Chamonix dans trois jours, mais la voix de René, au bout du fil, semble présager un départ différé.

– Les conditions sont déplorables. C'est inouï. À cette période de l'année, on n'a pas connu de telles chutes de neige et une telle humidité en vingt ans. L'été ne veut pas s'installer.

– Pour combien de temps ?

– Impossible à dire.

– Toutes les voies sont bloquées ? D'ailleurs, quelle voie sommes-nous censés emprunter, dans l'idéal ?

– Il y a la voie *du Pape*, par le versant italien, peu fréquentée, mais plutôt difficile et un peu austère. La voie *royale* dite *normale*, la plus populaire, la plus abordable, avec son étape au refuge du Goûter surpeuplé. Et ma préférée, réservée aux alpinistes chevronnés, la voie *des trois monts* : au départ de l'aiguille du Midi, une grande course glaciaire qui permet d'enchaîner le mont Maudit, le mont Blanc du Tacul et le mont Blanc. Si tu pouvais voir ça, c'est le top.

La crème de la crème du mont Blanc, ai-je envie d'ajouter. Mais l'ambiance n'est pas à la galéjade. Ce que confirme son appel du lendemain.

– Temps pourri, très instable. Je n'ai pas vu ça depuis 1992. Et en 1992, je n'avais pas vu ça depuis 1978. En plus, Météo France est en grève !

– La montagne n'a pas très envie de me rencontrer…

– Ne négligeons pas cette phrase éternelle de François Mitterrand, aux portes de la mort : « Je crois aux forces de l'esprit. » Les écrivains possèdent une grande force spirituelle. Je parie que c'est toi qui manigances tout ça et qui nous mets dans le pétrin, parce que tu as la trouille.

– Je n'ai pas…

– Quoi qu'il en soit, personne ne s'attaque au mont Blanc actuellement. Je vous appelle quand ça s'arrange, Monsieur le Président.

*

Le 20 juin, un guide de Chamonix meurt dans une avalanche au mont Blanc du Tacul, enseveli par une coulée de 600 mètres de long. Il avait soixante ans et était originaire de Nouvelle-Zélande. Deux militaires du Peloton de Gendarmerie de Haute Montagne (PGHM), en amont, auraient « déclenché une plaque » lors d'un exercice régulier. Ils furent emportés dans l'avalanche et hospitalisés à Sallanches, choqués et légèrement commotionnés, mais en sont ressortis indemnes.

Le président de la compagnie des guides de Chamonix a rappelé que le Tacul, « surtout en cette période, est un piège à rats, un vrai coupe-gorge ».

12

Vagabond du vide

POUR TROMPER L'ATTENTE insupportable, j'ouvre le livre publié par René l'année de ses vingt-cinq ans. Scotché, immédiatement. Le récit démarre par une vision aux frontières du paranormal : « La crevasse se referme lentement, inexorablement. Je n'ai pas un mouvement pour m'enfuir, je sais qu'il est trop tard. Quelque part dans les profondeurs du glacier, des forces titanesques poussent l'une vers l'autre les parois qui vont m'écraser. Comment suis-je tombé dans ce piège ? Je suis incapable de réfléchir, paralysé par la certitude d'impuissance et la promesse trop proche de mourir laminé, comme une fourmi surprise entre les pages d'un livre par un lecteur sadique et impitoyable. »

Transcription d'un cauchemar fiévreux de René, à l'hôpital de Grenoble, atteint d'une typhoïde possiblement attrapée lors d'une ascension himalayenne. À part les parois se refermant sur lui, tout est là. Prémonition de l'accident sous la dent du Géant. Comment croire après ça à nos vies sans destin ?

Porté par une écriture claire qui n'exclut pas certaines envolées poétiques, *Vagabond du vide* documente une remarquable performance aérienne : en juillet 1977, René Ghilini fut le premier à s'élancer en deltaplane du point culminant du Pérou, le Huascarán (6 768 mètres). À l'époque, il s'agit du record mondial de décollage en altitude. Il a vingt ans.

Posons-nous sur cette scène pittoresque, digne de *Tintin*. « Je survole le village, j'ameute les gens en criant. Virages, piqués, ressources, renversements, je me grise de faciles et spectaculaires acrobaties. Mes excentricités m'ont fait perdre beaucoup d'altitude, je les stoppe pour me concentrer sur l'approche. Mes jambes plient entre le goudron et la rivière. Le terrain est désert. Personne. On m'attendait les deux jours précédents. Mes yeux se ferment, je somnole. Je suis vite réveillé par les cris. Une paysanne me secoue, peut-être m'a-t-elle cru mort ? Elle me palpe, m'embrasse, se bénit, me bénit, ne sait que faire ni que dire. Elle est vite bousculée par la foule qui accourt de toutes parts. Les gens viennent des villages survolés. Je suis soulevé, porté en triomphe, projeté en l'air, débarrassé de mes vêtements d'altitude. Fatigué, docile, je les laisse faire. »

Dans les journaux péruviens, le juvénile et nouveau citoyen d'honneur du village de Mancos sera surnommé *el hombre volador*, *el condor francés*. « Je dois ressembler à un condor, le nez sûrement. » Avant de rentrer, l'homme volant s'offrira le plaisir d'un vol filmé au-dessus des ruines incas du Machu Picchu.

Trois ans plus tard, patraque, du fond de son lit, René affirme vouloir « l'espace » comme seul horizon, le roc « pour lui griffer la peau ». Pour lui, le danger reste la meilleure façon de ressentir la vie. Chemin faisant, ce jeune guide esquisse un code d'honneur. Prouver aux sceptiques qu'il n'entreprend pas une action suicidaire. Sa confiance et sa force lui viennent de la montagne. Sans prétendre être infaillible, il accepte de renoncer si les circonstances l'imposent.

Sur le terrain pourtant, difficile de tourner les talons, quitte à se contredire. « Quels que soient les obstacles, il faut continuer. Cet engagement physique et moral détruit la tentation de renoncer ; l'action fait oublier la souffrance ou la stupidité de la démarche. »

Comment définir alors le défi du Dhaulagiri, montagne des tempêtes, montagne des drames, conquise selon les critères ultimes de l'alpinisme, sans camps intermédiaires, sans cordes, sans porteurs, sans oxygène, préparé en deux mois, sur simple proposition d'un copain, l'Anglais Alex MacIntyre ? Folie, stupidité ? Non. Addiction à l'adrénaline, haine de la routine, goût du jeu et de la performance ? Tout ça, oui. Pulsion de mort ? Aussi. En tombant (de haut) sur la phrase suivante, j'ai tremblé : « Quel alpiniste, après s'être hissé au sommet d'une aiguille, n'a-t-il pas eu un jour l'envie néfaste mais excitante de bondir de la cime… (au cimetière) ? »

Vous voulez dire que l'homme à qui je vais confier mon existence… est *excité* par le désir de mourir ? Oh ! OH !

Le livre refermé, ma première réaction a été de me masser le menton avec componction, en me demandant si j'avais accompli quoi que ce soit de spectaculaire entre vingt et vingt-cinq ans.

Me sont revenus mes reportages de l'extrême pour *Le Progrès* de Lyon, qui m'a envoyé photographier dans leur enclos les éléphants de la Tête d'Or, boire un café chez des collectionneurs de sucres ou risquer ma peau sur le clocher rénové de l'église Saint-Paul. Trois semaines de *road trip* au Québec, agréables, avec quatre compères et Jack Kerouac, au cours desquelles je peux affirmer qu'il ne nous est rien arrivé de particulier. Et, comme René, une épopée latino-américaine : un voyage en solitaire au Mexique, qui m'a vu explorer les ruines de la cité maya de Palenque, gravir un volcan (le Paricutín, 2 800 mètres), traverser un désert de cendres grises sur un cheval nommé Cerise, et surtout faire l'ascension des pyramides de Teotihuacán. Dont l'exceptionnelle pyramide du Soleil (65 mètres, 265 marches, 665 touristes), au sommet de laquelle j'avais prévu de m'élancer tel *le condor à lunettes*, en réalisant au dernier moment que j'avais bêtement laissé mon deltaplane à la maison.

Comme quoi, les lauriers, ça tient à rien.

*

22 juin. L'oiseau René est au bout du fil :

– Les températures s'élèvent brutalement. Ça purge : avalanches, chutes de pierres. On ne peut rien faire.

L'été sera sec et chaud. Fin août, ce sera stabilisé. On se retrouvera à ce moment-là. Débrouille-toi pour rester affûté.

D'ac.

Mais si vous permettez, je vais d'abord partir en vacances.

13

Marche ou crève

AU SOMMET DE LA GRAN PIEDRA, près de Santiago de Cuba. Juché sur cet énorme caillou venu de l'espace, j'attends un miracle : que cette météorite se soulève d'elle-même et retourne aux confins du système solaire. Dans l'intervalle, ayant grimpé avec l'agilité d'un guérillero marxiste les 459 marches taillées dans le roc interstellaire, à 1 234 mètres au-dessus du niveau de la mer des Caraïbes, j'admire – non, j'aimerais admirer, car l'orage est imminent – les côtes jamaïcaines, en réfléchissant à l'ironie paisible du cadeau que vient de m'offrir la femme merveilleuse qui partage ma vie : *Marche ou crève*, le premier roman de Stephen King, publié en 1979 sous le pseudonyme de Richard Bachman ; indéniable beauté du prénom choisi.

Sur la couverture, des pas dans la neige boueuse. Le cadre de ce thriller sportif plairait à René : cent adolescents américains sont sélectionnés chaque année pour participer à la Longue Marche, organisée par un gouvernement totalitaire ; ces gamins n'ont pas le droit de s'arrêter, sous peine d'être fusillés au bout de trois avertissements. Le livre est cruel, absurde, répétitif, comme une semaine à la plage sans parasol si on oublie sa crème solaire. Une triplette de mojitos n'est pas de trop pour encaisser le passage suivant. « Ils sont passés devant moi. Il y avait un grand blond avec une chemise ouverte. Une de ses semelles de chaussure s'était décollée ou décousue ou je ne sais quoi et elle claquait. L'autre n'avait même plus de chaussures et ses chaussettes s'arrêtaient à la cheville. Le reste… eh bien il les avait usées à la marche. Il avait les pieds violets, on voyait les vaisseaux éclatés. Je crois qu'il ne les sentait même plus. […] C'est le grand blond qui a perdu [5]. »

Comment ça, c'est le grand blond qui perd ? *Marche ou crève*, c'est la morale de cette histoire. Titre funèbre qui prend de l'ampleur quand, à mon retour, je me reconnecte aux actualités.

*

Le 12 août, un guide chamoniard de soixante-sept ans est percuté par un bloc rocheux dans le triangle du Tacul. En tombant, il a entraîné son client, un Français de cinquante ans, sur environ deux cents mètres. Le premier est décédé dans la chute et le second a été hospitalisé avec des traumatismes. L'éboulement aurait été déclenché par une cordée en amont.

5. Traduction : France-Marie Watkins (éditions Albin Michel).

Le 17 août, un guide allemand de cinquante ans meurt avec deux clientes slovaque et anglo-polonaise de trente-deux et trente-trois ans, tous trois emportés par une chute de séracs au mont Maudit, déjà fragilisé la veille par une avalanche.

On déplore entre quarante et cinquante décès par an dans l'ensemble du massif du Mont-Blanc. La fondation Petzl, liée à cette marque française d'outils de haute montagne, affiche sur son site un chiffre que je me répète en boucle et qui m'obsède, tiré d'une enquête effectuée à partir des registres de la gendarmerie : de 1990 à 2011, 74 personnes ont perdu la vie et 180 ont été blessées dans le couloir du Goûter sur la voie normale du mont Blanc.

Soit en moyenne 3 morts et 8 blessés par an, en légère augmentation dans la dernière décennie, sur le chemin qui risque fort d'être le mien. C'est toujours trop, mais cela reste peu par rapport aux 25 000 personnes qui s'élancent chaque année jusqu'au sommet. J'essaie de relativiser au moyen d'une phrase issue d'un petit livre rouge que j'ai souvent servie à ceux qui s'étonnaient de pérégrinations aussi déraisonnables pour un bleu dans mon genre : « Le mont Blanc est une course peu difficile techniquement, mais longue et éprouvante[6]. »

Mon mantra.

Rédigés par un homme qui affirme avoir atteint ces hauteurs « par tous les versants », ces mots simples

6. *Babel 4810*, Charlie Buffet (éditions Guérin, 2014).

ont achevé de me convaincre que je pouvais défier ce monstre. J'ai deux mains gauches d'accord, mais je suis résistant.

René m'appelle. Sauf imprévu, la dernière semaine d'août sera mon *satori* – concept issu du bouddhisme zen qui décrit une capacité à voir sa propre nature, son être véritable. Plus que dix jours avant le grand saut, la révélation.

Le même jour, j'apprends que les particules fines tuent en France 48 000 personnes par an. Le grand air a moins de chances de me plomber.

14

À l'assaut de la tour Eiffel

J-7. PREUVE DÉFINITIVE de mon engagement dans cette épopée, de même que pour rester affûté avant de le retrouver à Chamonix, il est évident que je dois apporter à René un trophée. Et quel gage plus éclatant que de ravir en plein jour la fille préférée de Gustave Eiffel ? De muscler mes jarrets sur ses jambes monumentales ? De m'emparer de cette tour capitale pour l'offrir au roi de la Savoie ? L'emblème de Paris est aussi son point le plus élevé : 324 mètres. Pour ne pas rouiller, je pars conquérir la Dame de fer.

Parisien d'adoption depuis douze ans, je n'ai jamais eu auparavant ni l'envie ni l'opportunité de lui présenter mes pieds. J'envisage aujourd'hui de monter et descendre les 720 marches de la tour Eiffel, cinq fois de suite, en courant.

Et j'y suis parvenu. Où était la presse, je vous le demande ? Paradoxalement, c'est la foule qui a rendu possible cet exploit personnel. Des centaines de badauds m'ont forcé, dans l'étroitesse du parcours, à ralentir ma course une centaine de fois – puis, dès la moindre ouverture, à repartir aussi sec pour slalomer parmi eux, chamois d'acier propulsé par les cuivres délirants de la *Symphonie alpestre* de Richard Strauss. Summum de la course fractionnée. Dans mon cœur, le sang circulait bien, ça pompait comme il faut. Sur deux étages, en tirant la langue, j'ai évité les familles égyptiennes, provençales ou pakistanaises coiffées de casquettes à l'effigie de celle qu'elles étaient en train d'arpenter. Et remarqué de singuliers personnages.

Ce pauvre adolescent, qui ressemble à celui que j'étais, pleurant de peur : il a le vertige, n'arrive plus à se contrôler, rouge de panique et de honte publique, sa mère essaye de le réconforter, mais il veut redescendre.

Le sosie hollandais de mon petit frère, qui court comme moi dans les escaliers – mais beaucoup plus vite, crânant des mollets dans son short orange, fier de me doubler.

Ce *stoner* charismatique aux cheveux longs, vêtu d'un T-shirt *Misty Mountain Hop* et d'une chemise de bûcheron, en plein été, qui fume sa clope au dernier virage, avant la marche n° 720… avec un plaisir manifeste.

Le troisième étage de la tour Eiffel n'étant accessible que par ascenseur, je conviens avec moi-même de n'y monter qu'à la fin du défi. Là-haut, rincé, je suis tenté de rejoindre le plancher des vaches par la grâce d'un parachute, à la façon de Grace Jones dans *Dangereusement vôtre*, quand elle réussit à semer Roger Moore (qui galère dans ces escaliers en smoking : mon héros). Mais une enseigne incongrue à cette altitude attire mon attention : « BAR À CHAMPAGNE ».

Devant lequel un vieux dandy solitaire, amusé par le récit de ma performance, me tend une coupe – que j'accepte sans hésiter. C'est bien ce qu'on remet aux champions au terme d'une épreuve sportive, non ?

15

Ménilmontagne

« LA DESCENTE RECOMMENCE. Pour ne pas nous perdre, nous marchons en file indienne. Je suis en troisième position et je vois à peine Jaenada qui est en tête. Les distances sont faussées, le relief inversé : nous butons sur des bosses que nous prenons pour des trous. La bière, les flocons de chips qui semblent tomber du ciel, l'éclat des réverbères qui tapisse le macadam se confondent dans une même lumière jaunâtre qui trouble la vue. Les hautes silhouettes de tireuses prennent des formes fantastiques et semblent se mouvoir autour de nous.

La situation n'est pas désespérée, le groupe est au complet. Il faut encore descendre plus bas ; je me souviens d'un abri… Le houblon se fixe sur nos esprits. Fantômes dorés dans un décor d'or, nous nous enfonçons terriblement.

Sommes-nous trop haut, trop bas ?

Nous revenons sur nos pas et montons au-dessus de cette terrasse qui nous domine. Jan part devant.

Je suis de mon pas saccadé, silencieux, décidé à continuer jusqu'au bout. Inlassablement, d'un troquet à l'autre. Seuls Perrin et Jaenada sont capables de suivre la cadence, ils se relaient au comptoir à intervalles réguliers, sans un mot, sans une hésitation. Blanc-Gras dit qu'il faut établir un campement sous le zinc et attendre le beau temps. A-t-il toute sa conscience ? Je fonce comme un furieux et tire sur la corde. Jan traverse la pente, raide, avec une seule claquette. Perrin et lui font des prodiges d'équilibre, sans la moindre glissade. Avec un acharnement incroyable, au prix d'efforts désespérés, nous avançons. La lenteur de la progression découragerait les plus volontaires, mais on s'accroche : la rue de Ménilmontant à la fin s'abandonne devant tant de persévérance. »

Librement inspiré d'*Annapurna, premier 8 000* de Maurice Herzog (1951), pour évoquer ce qui fut, six jours avant mon départ, la dixième édition de la « Descente de Ménilmontant ». Pilier du folklore du 20e arrondissement de Paris, source intarissable d'études ethnologiques traduites dans le monde entier, il s'agit, chaque année, un soir d'été, de la descente marathonienne des bistrots de la rue de Ménilmontant à raison d'une bière par établissement, suivie de sa remontée au même tarif. Discipline qui requiert souplesse et endurance ainsi qu'une rue en pente, pratiquée par les écrivains Julien Blanc-Gras (dit *Va-Partout*), Philippe Jaenada (dit *Boit-Sans-Soif*), Guillaume Jan (dit *Traîne-Savane*),

François Perrin (dit *Croque-La-Vie*) et votre serviteur (dit *Chante-Fort*).

En conclusion de l'expédition 2016, de retour au camp de base après neuf heures d'alpinisme éthylique, mes compagnons de cordée trinquèrent à ma santé, sans faux col : « Peut-être que l'année prochaine, nous ne serons plus que quatre. » Humour noir pour mont Blanc.

16

Ultra-arrivé

La veille de mon départ pour dix jours d'épiphanie glacée, boule au ventre en relisant les derniers chapitres de *Premier de cordée*. Lumières éteintes, j'en parle à Judith. Elle me dit que ça fait partie du truc, d'avoir le trac du trek. « Et tu imagines, quand on sera à la veille d'un accouchement ? Là, d'accord, on aura de bonnes raisons d'avoir peur. » Je ne peux pas lui donner tort. Et j'arrête aussitôt de me comporter comme un enfant.

Nausée pourtant le lendemain en sautant dans le Mont-Blanc Express, ce petit train rouge qui m'emmène très lentement à Chamonix après cinq heures de TGV. À peine suis-je assis dans le wagon qu'une goutte de pluie se crashe contre la vitre. Brumes méphitiques sur la vallée. Orage dangereux, éclairs fantastiques. Trombes d'eau. Je vois des chaises balayées, des bâches déchirées, des branches de sapin brisées sous la force du vent.

Pile à l'heure de mon arrivée, le 27 août.

Qui est aussi celle de certains participants à l'Ultra-Trail du Mont-Blanc, tour complet du massif à boucler de jour comme de nuit en moins de 46 heures et 30 minutes, course à pied herculéenne de 171 kilomètres à travers la France, la Suisse et l'Italie… Les plus rapides, trempés jusqu'aux os par la tempête alpine, entrent dans la ville en même temps que moi, à petites foulées. Gelés, fracassés. Mon comité d'accueil.

Je marche au sec jusqu'à la chambre 11 de l'hôtel (de la) Croix-Blanche. Chambre avec rue. Première nuit : mon grand-père disparu me reproche « de ne pas être venu le voir plus tôt » dans une belle salle des fêtes où se dispute une partie de bingo. Je suis réveillé par des applaudissements qui me flattent, mais qui sont adressés aux *runners* pas gênés d'en baver sous ma fenêtre. Après trente heures d'efforts, la majorité d'entre eux n'a pas l'air épuisé. Un homme porte son bébé, un autre un drapeau, certains courent en se tenant par la main. Mais les hôtels de Chamonix sont aussi peuplés de blessés, boiteux, esquintés.

« Laisse venir l'imprudence, murmure Bashung. Devant l'obstacle tu verras, on se révèle. […] Un jour j'irai/vers l'irréel/tester le matériel. »

17

Test du matériel au Merlet

« BON SANG ! un baudrier ne s'enfile pas comme un porte-jarretelles ! » beugle René en me voyant m'emmêler les gambettes dans ce nœud de sangles cousues serré au bassin et capables de lier deux partenaires par la grâce supplémentaire d'une corde et de mousquetons, rendant accessibles les terrains les plus extrêmes.

J'ose à peine souligner que ce numéro de transformiste n'a rien à voir avec un goût secret pour le travestissement qui m'aurait amené, un lundi après-midi, à confondre lingerie affriolante et harnais de sécurité dans le salon d'un Savoyard en âge d'être mon père. René me montrera dix fois comment se glisser en dix secondes dans un baudrier. Je me heurte à l'évidence : mon cerveau n'enregistre pas ce type d'instructions. La poule et le couteau.

Le compas dans l'œil, piochant dans son dressing rigoureusement fourni en matériel de montagne, mon tailleur (de pierres) me remet les fétiches et objets qui m'accompagneront dans ma quête : un sac à dos profond d'une légèreté de plume, une polaire vert pomme, un pull orange, un coupe-vent gris multipoches qui ferme jusqu'au nez avec capuche à visière, un maillot rouge à manches longues, un bonnet noir, deux paires de gants noirs (fins, en laine ; épais, avec manchettes), un casque, un bâton et le katana du samouraï alpin : un piolet.

Nous filons chez Jean-Michel Deschamps, gérant moustachu du magasin Sportech, à Argentière. Ce technicien du pied, qui chausse des skieurs de rang mondial, me tend une paire de bottes italiennes haut de gamme, vendues 300 euros et dotées d'une membrane thermique qui protège du gla-gla – des godillots « indestructibles » selon mon guide, qui possède exactement les mêmes. Ce dernier en profite pour me charrier à cause de mes chaussettes dépareillées, point commun que je suis fier de partager avec le metteur en scène du *Parrain*, Francis Ford Coppola [7].

Je repars de la boutique dans un pantalon de randonnée noir en cordura, tissu dont la résistance est présentée comme vingt fois supérieure à celle du coton. Et portant des chaussettes en laine gris et orange conçues pour

7. Coppola, interviewé par *Libération* en 2012 : « Un jour, j'ai dit à mes enfants que c'était grâce à moi que la mode des chemises hawaïennes était revenue. À l'époque, on n'en trouvait plus nulle part et j'adore ça. J'ai demandé à un costumier de m'en fabriquer et, quelques semaines plus tard, tout le monde en portait. Mes enfants ne m'ont pas cru. Pour le leur prouver, j'ai décidé de porter des chaussettes dépareillées en leur pariant que, bientôt, tout le monde ferait pareil. C'était il y a dix-huit ans. »

effectuer « les treks les plus exigeants », équipées d'un « cou-de-pied en maille fine aérée » et d'un système de protection thermorégulé du mollet, du tibia, des orteils et du talon d'Achille, follement confortables, que je vais donc tâcher de ne pas mélanger.

Reste à régler l'épineuse question des lunettes de vue : ça existe, un alpiniste myope ? Car sans mes bésicles, je n'y vois goutte. « Comme tes lunettes de soleil sont adaptées à ta vue, c'est bon », répond René. Faut voir le modèle que j'ai sur le nez : les Ray-Ban noires du Dylan électrique de 1965. Celles de Roy Orbison, des Blues Brothers et de *Reservoir Dogs*. Classique *Wayfarer*. En route vers le sommet ? Roc et roll. « Mais n'oublie pas de t'acheter un cordon, pour éviter qu'elles ne tombent et que tu marches dessus. » Pff.

Pour que les chaussures louées se fassent à mon pied, le Piémontais m'indique un sentier qui permet de rallier Chamonix en une heure trente, par le parc animalier du Merlet.

Seul, j'éprouve une grande exaltation à marcher à l'ombre des épicéas, sur ce chemin tapissé d'aiguilles, de grosses racines et de pierres tranchantes argentées. Je me promène dans ma mémoire, fidèle à ces magnifiques matinées d'été où mon frère et moi suivions notre père sur les balcons de Serre Chevalier, le long d'un ruisseau, avec notre chien – myope comme moi – pour éclaireur. J'avance vite mais je ne croise aucune des soixante-dix bestioles en liberté qui font la réputation du Merlet. Ni daim, ni cerf, ni marmotte, ni mouflon… Se cachent-ils pour rire du bouquetin des bouquins ? Je sympathise avec d'autres compagnons : papillons noirs, mille-pattes pieds nus, gros champignons dévorés d'ennui. Et sue lorsque la pente devient raide, en surplomb des villages des Bossons et des Gaillands. Puis Chamonix.

Frottements sensibles sur les talons. Direction la pharmacie, pour me procurer des boîtes de Compeed®, pansements imperméables anti-infection à « effet coussinet ». J'ajoute à mon panier un stick hydratant pour les lèvres, dont la vertu affichée est de me protéger du « stress climatique » (maintenant que j'y pense, je reconnais que le péril environnemental mondial me fait un peu flipper ; heureusement, j'ai mon bâtonnet contre les lèvres sèches). Une crème solaire indice 50, « utilisée sur le terrain par des sportifs engagés », plutôt idéale pour ma peau de blond cendré ouvert aux paris les plus fous. Des aspirines et du paracétamol. Un coupe-ongles, parce qu'on ne compte plus les amateurs qui rentrent de montagne les pieds ensanglantés après plusieurs heures de descente, en raison d'ongles trop longs.

Le plus compliqué à choisir, je dirais, ce sont les barres énergétiques. Classées en deux équipes : les barres à déguster avant et pendant l'effort (riches en glucides, pour compléter les réserves d'énergie) et les barres à bâfrer après l'effort (riches en protéines, pour compenser les pertes hydriques et favoriser la récupération musculaire). J'en attrape une dizaine de chaque, sans sucre ajouté ni colorant ni conservateur, à base de pomme, de fraise ou de chocolat, toujours mélangés à des raisins secs, du soja, des amandes, de la cannelle et de l'amidon « d'origine naturelle ». Miam.

Ghilini m'attend devant l'hôtel.

– Rendez-vous demain à 9 h 30. On part pour deux jours.

– Où ?

– Tu verras.

– Je mets quoi dans mon sac ?

– Ce que je t'ai donné.

– Pas de vêtements de rechange ?

– Pas besoin. Pas besoin non plus de brosse à dents ; tu peux survivre sans te laver les dents pendant deux jours, non ? Une fois, une cliente avait emporté une trousse de maquillage jusqu'au refuge du Goûter. Je te laisse imaginer où son matériel a terminé.

– Je prends de l'eau ?

– Oui. Une grande bouteille. Et de quoi grignoter. C'est tout. Le strict nécessaire et rien d'autre, pas la peine de se charger pour rien. Demain, on part du Montenvers et…

– Du quoi ?

– Bon sang, tu ne sais même pas ce que c'est que le Montenvers ?

18

Tout est une question d'échelles

LE TRAIN ROUGE MONTE en vingt minutes au Montenvers, à 1 913 mètres d'altitude, célèbre pour sa vue panoramique sur la mer de Glace – ou plutôt ce qu'il en reste.

Long de sept kilomètres, le plus grand glacier de France métropolitaine, d'une surface égale à celle de la ville de Lille, fond de manière magistralement préoccupante : en vingt ans, cette langue gelée a diminué de 80 mètres d'épaisseur dans sa partie basse, reculé de 700 mètres et devrait rapetisser encore de plus d'un kilomètre dans les trente prochaines années [8], du fait du réchauffement de la planète. La fin de cette ex-destination de rêve – que je recommande pour les vacances à tous les climato-sceptiques –, la transformation progressive de cette mer en rivière, en ruisseau, en flaque puis en larme semblent inexorables. Selon

8. *La Croix*, Denis Sergent, 31 janvier 2017.

une étude du CNRS de Grenoble [9], tous les glaciers du massif situés sous 3 500 mètres d'altitude devraient disparaître d'ici 2100. En sortant de la gare, les visiteurs du futur ne verront que des rochers. Glaçant.

Parmi les passagers, le piolet sanglé au barda, rien ne peut laisser supposer que je suis un parfait néophyte. À la descente du train, je prends l'air ténébreux du chevalier en chemin vers Camelot. Esprit de sérieux désamorcé par maître René, qui s'incruste sur la photo d'un couple chinois devant le glacier moribond, en faisant la grimace.

– Dans cinquante mètres, tu sors de la zone touristique.

En effet. Sur le million de promeneurs à musarder sur ces hauteurs chaque année, l'immense majorité prend le thé en terrasse avant de s'entasser dans un ascenseur ou, pour les plus vaillants, se coltiner quatre cents marches dans le but d'exécuter prudemment des claquettes sur la glace ; quatre cents marches qui n'existaient pas en 1985. Nous, nous bifurquons sur la droite. Cinq minutes plus tard, René s'arrête au bord du vide.

Et.

Là.

Deux échelles.

À pic. Encastrées dans la roche.

9. Relayée par France 3 en juillet 2017, via le reportage « Massif du Mont-Blanc : la fonte des glaciers a été sous-estimée ».

– Tu descends ?

Histoire de réfléchir sereinement à cette question, je ne regarde pas en bas. Je demande une évaluation de la distance à parcourir. Trente mètres. La moitié de mon immeuble. Cela me paraît jouable. René s'apprête à emprunter l'échelle d'à côté. Je l'interromps en levant la main.

– Mais, euh, on ne s'encorde pas ?

– Si tu y tiens absolument, si. Mais ce serait mieux que tu descendes sans corde. Pour t'habituer au vide.

Je n'hésite pas longtemps. Silencieux et impassible, n'essayant même pas de me convaincre, René paraît penser que j'en suis capable ; peut-être a-t-il raison, après tout.

Dans *Vagabond du vide*, il écrit : « Le risque conscient, loin d'être néfaste, constitue souvent un élément positif. Accepté et non pas subi, il est le garant de la qualité du geste, de l'action. »

J'enjambe l'échelle. Putain ! Putain ! Putain ! Quarante secondes plus tard, je ne peux pas m'empêcher d'insulter la situation. Putain ! Mes genoux tremblent, mes jambes flageolent. Putain ! Il suffirait d'un seul faux pas pour me rompre le cou. Je serre les barreaux comme un malade. Il fait très beau.

– Détends-toi. Dé-tends-toi. Ne serre pas les barreaux si fort, tu dépenses beaucoup trop d'énergie. Un geste après l'autre. Trouve ton équilibre. Prends ton temps. Il ne peut rien t'arriver. Regarde.

Sur son échelle, René lève une jambe et ne se tient que d'une main – la gauche, handicapée. Comme un marmot sur une aire de jeux.

J'essaye de me calmer. Je n'ai pas peur du vide. J'ai peur de tomber. La nuance est d'importance. Trente mètres, je m'en fous (à peu près). Le danger vient de moi. Ces trente dernières années, j'ai oublié de développer certaines aptitudes physiques – dont l'équilibre, en tête de liste. Le risque est de glisser. De *m'emmêler les pinceaux*, comme dirait ma mère. Je peux glisser. Je sais le faire. Je me suis cassé le bras gauche à sept ans en tombant de trois marches, chargé de peluches, dans l'escalier de la maison familiale. Trois marches. Les peluches me bouchaient la vue, j'avais dans les bras tous les doudous chéris qui peuplaient le pays de mon lit, j'avais décidé de leur faire prendre l'air, c'était l'heure de la grande expédition de la chambre au salon, un soir en pyjama, serrant ces êtres de velours usé, ces animaux fripés fourrés qui auraient pu amortir ma chute, or ce fut le contraire, j'ai loupé une marche et pour les protéger je suis tombé sur le bras, crac, *touch down*. Non mais quel bras cassé.

Je desserre les doigts, je respire, je tente de maîtriser mes genoux. Je sors de ma zone touristique. En descendant deux, trois, cinq barreaux, je remonte dans mon estime. Pourtant, parvenu au bas de l'échelle, je vire au vert sur la vire. Putain ! Nous n'y sommes pas du tout ! À force de ne pas vouloir observer l'ampleur du paysage, je n'ai rien compris ! Avant d'atteindre la mer de Glace, je dois encore survivre à *sept échelles identiques*, soit deux cent cinquante mètres au total, la taille de la tour Montparnasse *additionnée* à celle du Christ rédempteur de Rio de Janeiro ! Sans corde, je répète !

Je démultiplie les jurons autant que les points d'exclamation. Et comme si ça ne suffisait pas, ces échelles ne sont pas rectilignes ! Pour passer de l'une à l'autre – sans corde, l'ai-je dit ? –, il faut parfois longer la paroi deux minutes en avançant sur de petites cales en fer en se tenant à un long câble rigide. René me conseille de marcher, non pas comme je le fais, ventousé à la paroi, aussi voûté que Gollum, mais « comme sur un trottoir parisien ». Euh, c'est-à-dire ? Le cœur ouvert à l'inconnu, prêt à conter fleurette avec beaucoup d'éloquence, un béret sous le bras, une baguette sur la tête ?

– Bêta. Quand tu marches dans la rue, tu ne te déplaces pas en crabe le ventre collé aux murs des bâtiments, non ? Ici c'est pareil. Faut marcher droit. Ignorer le vide et avancer, de profil par rapport à la montagne. Un pas après l'autre, naturellement.

Mes tremblements reprennent et m'interdisent de suivre ces recommandations pleines de bon sens. J'embrasse de tout mon être la montagne – sur un trottoir parisien, on s'étonnerait que j'aime à ce point le lèche-vitrines. Chaque enjambée met mon stress en promotion. Ces échelles sont un calvaire, bien joué

René : excellent test pour sonder ma volonté. J'arrive au rez-de-chaussée rincé.

La mer de Glace est grise, assombrie par la poussière noire des moraines éclatées.

Nous entamons la remontée de ce serpent millénaire et j'ai le sentiment grisant d'être le narrateur d'une légendaire chanson de geste(s). Dans ce registre mythologique, certains grimoires folkloriques du massif[10] consignent la fable suivante : il y a des siècles, la vallée abritait un village à l'entrée duquel, un matin, se présenta un homme, un pauvre bougre en haillons qui errait depuis des jours sur ces hauteurs, à moitié fou, les joues creusées par la faim. Le vagabond frappa à toutes les portes en réclamant de quoi manger, mais aucun habitant ne daigna lui offrir le moindre bout de pain. L'homme mourut deux fois : de faim et de l'avarice de ses semblables.

N'en croyant pas ses yeux, l'un des saints du Paradis se déguisa en mendiant et, comme son infortuné prédécesseur, fit l'aumône dans tout le village, ne récoltant qu'indifférence et mépris – à l'exception d'une jeune fille, saisie de remords, qui lui donna de la brioche. Le saint lui conseilla de fuir. « Hâte-toi. La vengeance du ciel est prête. » Et lorsque la jeune fille fut à bonne

10. Pioché dans *Mont Blanc : conquête de l'imaginaire* signé Hugues Lebailly, Marie-Thérèse Vercken, Paul Guichonnet et Philippe Joutard (éditions La Fontaine de Siloé, 2002).

distance, elle se retourna : les glaces avaient recouvert ce hameau de cœurs de pierre.

Le chaos naturel des lieux porte la marque de cette punition céleste : les parois longées dessinent des visages gigantesques semblables aux statues de l'île de Pâques, faciès entassés, emmurés, bouches tordues par des hurlements de terreur ; plissements de terrain, montagnes tannées par la fréquentation des hommes, mises à nu par la fonte accélérée. Nous ne sommes pas rois sur ce boulevard préapocalyptique ouvert en 1741 par les Britanniques William Windham et Richard Pococke, baptisé par eux *Sea of Ice*, déclenchant un tsunami de touristes dans toute la région. Cet après-midi, nous nageons bizarrement seuls dans les remous telluriques de cette mer menacée.

Je me tourne vers René.

– Comment tu te sens, quand tu remontes ce territoire qui s'étiole d'année en année ?

– Sentiments mitigés. La fonte des glaciers signifie de nouveaux fours à cristaux, mais trop de sécheresse augmente le risque de chutes de pierres. Leur disparition m'attriste, mais ce n'est qu'un simple épisode de la vie de la montagne.

Cette placidité de stoïcien me surprend. J'espérais davantage de colère.

René lève son bâton. De la pointe, il indique une maison, au loin, à mi-chemin des sommets. Le refuge du Requin. Cela fait deux heures que nous avons quitté les échelles et j'apprends que nous passerons la nuit là-bas – sans connaître la destination finale, le défi du lendemain, mais ce flou me convient. En revanche, les barres énergétiques forment un déjeuner bien léger. Mon guide n'a même pas de brioche dans les poches. « Tiens bon. Nous y serons dans une heure. »

Sauf votre respect, capitaine, j'en doute : d'ici, le refuge paraît extrêmement élevé. Nous tournons soudain à droite, vers un énorme rocher qui dissimulait jusqu'à présent la prochaine épreuve : non, non, non, merde glace, nom de Dieu déguisé en clochard, de nouvelles échelles ! Faramineuses ! Plus raides encore que les précédentes ! Qu'il va falloir escalader pendant, quoi, une heure ? Se retaper la tour Montparnasse *de bas en haut* à la force des biceps ?

– Est-ce qu'on peut s'encorder, cette fois ?

– Si tu veux.

Il obtempère, mais je vois bien que René prend une mine de fonctionnaire en sortant le matériel de son sac. J'ai mes limites, catégorie casse-cou. Et que dire de ces fanions bleus, rouges, jaunes, verts, accrochés au bas des barreaux, identiques à ceux que j'ai rapportés de Lhassa et qui bénissent désormais ma bibliothèque ? Ces drapeaux de prières tibétains que le vent caresse pour propager leurs formules sacrées visant à implorer la protection des divinités, selon la tradition bouddhiste locale ? Si des Tibétains prient pour moi ici-bas, cela signifie que l'accident est possible. Hum.

Debout sur les échelles, en suspens, un peu las, le soleil chauffant ma nuque rose, je n'ai soudain plus qu'une angoisse : perdre la dernière pièce de ma panoplie alpine. Ma stupide casquette, intégralement noire à l'exception de deux lettres blanches cousues sur le front, « N Y », comme si j'avais besoin de clamer haut et fort mon amour pour New York ; à choisir, s'il faut se coiffer d'un couvre-chef à l'effigie de sa ville préférée, j'arborerais plutôt « B A » pour Buenos Aires, « D » pour Douarnenez ou « S S » pour San Sebastian – mais porter une casquette « S S » quand on est blond aux yeux bleus, c'est prendre le risque d'être mal compris. Or cette casquette new-yorkaise fabriquée en Chine, je l'ai trouvée ado, par terre, en courant à toute allure dans les sous-bois d'une forêt de Serre Chevalier. Quelqu'un l'avait perdue, peut-être un enfant, peut-être un fan de l'équipe de base-ball de New York, dont cette casquette est en fait un produit dérivé – sobriété *no logo* : le nom de l'équipe, les Yankees, n'y figure même pas. C'est ma casquette de base-ball, sport auquel je n'ai jamais joué.

Au niveau de la quatrième échelle, avec déjà cent mètres de vide sous les godasses, j'en ai vraiment ras la casquette. La visière cogne les barreaux et si elle tombe, je n'irai pas la chercher. Focalisé sur cette inquiétude superflue, je redouble de vigilance et parviens, une heure plus tard, au dernier échelon.

Où m'attend un tout petit garçon blond aux yeux bleus.

L'enfant est seul, debout, en jean et baskets, vêtu d'une chemise à carreaux et d'un blouson à capuche bleu pastel. Je lui donne quatre ans maximum. Les bras croisés, il me toise d'un air sérieux. Ai-je glissé, la corde a-t-elle rompu, me suis-je fracassé la tête sur les rochers ? Suis-je dans le coma, en train de rêver cette rencontre ? La réalité reprend des forces quand ce bambin mystérieux tout droit sorti d'un conte nordique se met à hurler de joie à l'apparition de René, qui crie son prénom : « Esteban ! »

19

Le gang du Requin

Totalement unique, cette famille. Tu ne verras ça qu'ici, se réjouit René.

Le petit Mowgli des montagnes nous guide à travers les pierres moussues. Son agilité est confondante : Esteban se balade, court, bondit et trace sa route sur ces faux escaliers de rochers désordonnés, puis, en équilibre parfait sur un promontoire, se retourne et s'arrête pour m'observer de ses yeux graves et profonds, sur son terrain de jeu.

En nous attendant, le marmouset sort de sa poche une vieille pièce de monnaie que René vient de lui donner, tordue par la glace, qu'il contemple avec intérêt pendant de longues minutes, perdu dans ses pensées, jusqu'à ce qu'il se souvienne de sa mission : avertir sa mère de l'approche des visiteurs espérés.

Ce grimpeur en herbe, vif et doué, signale en trombe notre arrivée, contrastant joyeusement avec ma trombine de grabataire. Perclus de fatigue, je mets dix minutes à enlever mes chaussures. Arrivée au refuge deux bonnes heures avant nous, Petra rit en me voyant ainsi défait.

– Esteban a appris à vivre dans son élément. Les premières semaines, je ne le laissais jamais seul dehors. Mais maintenant, il se débrouille très bien. Il est beaucoup plus à l'aise sur les cailloux que devant les jeux vidéo.

Depuis juin 2015, Amélie et Romuald Aribert sont les nouveaux gardiens du refuge du Requin, perché à 2 516 mètres sous la dent du même nom, aiguille noire qui mériterait tout à fait sa place dans la gueule d'un squale. Sur ce balcon, six ou sept générations se sont succédé pour garder ce refuge inauguré le 11 juillet 1926[11]. Ce couple de trentenaires honore une tradition familiale : cela fait quinze ans que la mère d'Amélie est la gardienne du refuge de Tête Rousse, l'un des passages obligés de la voie classique du mont Blanc, où travaille aussi sa sœur. C'est également chez sa maman (à 3 167 mètres !) qu'Amélie a vécu sa première grossesse, enceinte d'Esteban, qui a… deux ans et demi, bientôt trois.

Une assiette de *farfalle* à la crème avec des carottes et du lard me permet de recouvrer l'usage de la parole. Romuald étant descendu dans la vallée (nous l'avons croisé, mais j'étais trop obnubilé par les échelles pour

11. « Au milieu d'un vaste cirque glaciaire, […] à mi-chemin entre le Montenvers et le col du Géant [et] constituant par lui-même un but d'excursion à la portée de tout touriste un peu entraîné. » In *Revue du Touring Club de France*, septembre 1926.

mémoriser sa profession), je questionne Amélie sur ce refuge de cinquante-sept couchages, ouvert de janvier à fin août. Le labeur est dur. « Je me lève à 5 heures et le service dure parfois jusqu'à 22 heures, afin de préparer celui du lendemain. Sans break, quasiment », explique-t-elle en consolant tendrement Émilien, son ravissant poupon de moins d'un an, qui pleure d'un gros chagrin banal. Certains midis, la terrasse se transforme en restaurant pour une centaine d'affamés, voire le double. La nuit, le Requin est rarement plein, me dit René, car selon lui « la pratique de la montagne a changé. Les gens – et les guides ne sont pas épargnés par ce constat – rechignent à dormir en altitude, ne prennent plus tellement le refuge comme point de départ de courses plus ambitieuses. Ils préfèrent rentrer chaque soir sagement à la maison pour regarder la télé. »

Derrière moi, pas d'écran plat, mais un défibrillateur. Depuis environ dix ans, le métier de gardien de refuge bénéficie d'une formation, qui comprend l'apprentissage de l'accueil, de la restauration, des premiers secours ou encore de la nivologie, l'étude de la neige. « L'hiver, la cabane est bloquée sous cinq mètres de neige. Il y a deux mois, on en avait encore un mètre cinquante devant la porte. De quoi fabriquer un bonhomme de neige avec Esteban. En juin ! » Anomalie météo coreligionnaire du fameux temps pourri jamais-vu-depuis-1978 qui m'a forcé à décaler ma venue sur le massif, et qui n'a peut-être pas dit son dernier mot.

Capable de redescendre au Montenvers en moins de deux heures en passant par ces fichus barreaux d'acier qu'elle emprunta enceinte, Amélie se souvient de « cette nana qu'il a fallu ramener en hélico dans la vallée parce qu'elle a très mal supporté les échelles ». Ou de ces alpinistes agacés par le brouhaha d'un enterrement de vie de garçon célébré par des rigolos couche-tard « qui ne connaissent rien à la montagne – comme toi ! ». Je confie que je ne sais justement pas vers quels ravins je me rendrai demain. René, laconique :

– Demain, on va voir comment tu résistes à l'altitude. Tu vas vite le sentir.

20

Midi plus une

À GENOUX DANS LA NEIGE, je suis littéralement dépassé par ce qui vient de se produire. René attend que je me relève puis lâche, consterné : « C'était complètement stupide de leur part. Forcer le passage à vingt mètres de l'arrivée, au risque de nous faire basculer dans le vide, nous, lui et les personnes qui l'accompagnent ? »

Le guide anglais et ses deux clients ont disparu dans la brume de leur imprudence. On repart. Je redouble de concentration pour ne pas reperdre l'équilibre, focalisé sur les bottes de René ; je ne pense plus qu'à leur galbe puissant, à leurs crampons mordants, elles sont ma boussole, mes maîtresses ; fétichiste par accident, j'accepte de me soumettre à leurs mouvements aussi longtemps qu'il le faudra. Cette nouvelle passion est de courte durée, car après trois minutes à longer les précipices tout en léchant du regard des pointes d'acier, j'aperçois… un tunnel. Une excavation intestinale, à la sortie du ventre de la citadelle glacée.

Épatés par notre ascension, des Japonais me prennent en photo, moi, le vainqueur pâlot de l'aiguille du Midi. Dans cette tour de Babel frigorifique, accessible par téléphérique, des dizaines et des dizaines de touristes – saoudiens, allemands, américains – se photographient au bord du chemin, au-delà de la limite de sécurité, risquant la mort pour un pauvre *selfie*.

Je retire mes crampons, groggy, satisfait mais secoué. René embraye sur ce chauffard briton qui m'a doublé par la gauche sans respecter le Code de la route, mais je n'écoute pas. Rejoindre la cafétéria implique d'emprunter des escaliers hostiles aux jambes lourdes. Encore sonné, je grimpe en ressassant les six heures qui viennent de s'écouler…

Lever 6 h 15, petite nausée, Doliprane, pain-confiture et départ dans la lumière bleue, rochers sévères, casque sur le crâne, baudrier à resserrer, crampon paumé et récupéré. René mène la marche sur la glace grise fort inclinée, je me revois frappé d'un drôle de sourire à la fois vaillant et inquiet, je le suis tant bien que mal au gré des dunes blanches avec derrière moi, pour fermer la cordée, Petra, sa compagne sportive et solaire. Née sous le signe des Poissons, cette Tchèque chic et choc a traversé la mer de Glace en solo et en tongs dont l'une était *fendue*, chaussée malgré tout de la brève angoisse de ne pas parvenir à retrouver la route du refuge. Petra, que je remercie dix fois de m'avoir sauvé d'une chute effroyable qui, à défaut d'être mortelle (René m'aurait rattrapé), m'aurait découragé de poursuivre l'aventure.

Je songe à composer une pièce en cinq actes à la gloire de son courage quand retentit une engueulade incroyable dans la langue de Shakespeare – en plus fleuri.

– What you did was completely STUPID. Very IDIOT. Do you understand ? Completely stupid ! Three minutes before the end ? Passer devant nous comme ça ? Stupide ! Idiot ! Oh, je vous cause, vous m'entendez ?

D'une voix de tempête tirant sur les aigus, René Ghilini apostrophe son homologue britannique au beau milieu de la cafétéria, faisant trembler les tartiflettes et les tartes aux myrtilles. L'Angliche, court sur pattes mais doté de belles rouflaquettes, est soudain très vexé d'être ainsi pris à partie devant toute la clientèle, alors qu'il faisait tranquillement la queue pour un sandwich. Son visage rougit, il fulmine. Traduction :

– Votre client allait me tomber dessus !

– Faux. Il est tombé droit devant lui et vous l'avez doublé à ce moment-là. Pour gagner quoi ? Trente secondes à l'arrivée. Ridicule et indigne d'un guide de haute montagne. S'il avait glissé hors de l'arête à cause de votre impatience débile, on pouvait tous y passer. Vous et vos clients, moi, le mien et ma femme.

Quel panache ! Voir René déployer autant d'énergie pour laver mon honneur m'incite à sortir de son fourreau mon épée afin de provoquer en duel ce paltoquet. Le hic, c'est que je n'ai pas d'épée. Juste un piolet, qui méritérait d'être planté dans l'orteil de ce cornichon, de cette andouille, de ce Rosbif (j'ai faim). Cerné par une cinquantaine de regards interloqués, le fourbe n'hésite pas à faire diversion.

– Votre corde n'était pas aux normes. Elle est trop fine. Je l'ai vu. C'est une corde d'amateur.

– Cette corde peut supporter un poids de deux tonnes et demie. Vous n'y connaissez rien.

– *Bullshit*. Le nœud était mal fait. Je vais vous dénoncer à la compagnie. Vous ne devriez pas être guide. Je vais vous dénoncer.

À cet instant de l'algarade, un troisième personnage, joufflu et coiffé d'un bonnet bleu sur lequel on peut lire « BE HAPPY », fait son entrée en scène. Il se présente lui aussi comme guide et ne s'adresse qu'à René.

– Ne lui parlez pas comme ça. Les guides étrangers, il faut les AIMER. Vous pouvez vous plaindre, mais ce n'est pas la peine de l'insulter.

– Je vais vous dénoncer à la compagnie, répète l'Anglais, ravi de ce renfort.

– Cet homme est idiot. Il a mis en danger six personnes.

– Arrêtez vos insultes !

– Je ne l'insulte pas. Strict constat scientifique : cet homme est stupide. Regardez-le.

– Vous faites le malin… Mais je vous reconnais ! Un soir au refuge du Requin, vous avez fait des blagues douteuses à propos de la femme d'un ami.

– Ce n'était pas moi.
– C'était vous !
– Non !
La situation tournant au vaudeville, la taulière de ce café juché à 3 842 mètres d'altitude hausse le ton face à ces tontons grimpeurs.
– Messieurs, s'il vous plaît : vous n'êtes pas seuls !

Un quart d'heure après, sur l'une des terrasses en panoramique de l'aiguille du Midi qui justifient sa renommée, je prends en photo mon futur adversaire, dont la silhouette n'a jamais été aussi claire. Deux corbeaux s'invitent sur l'image. Mauvais présage ? « Ce que tu as vécu aujourd'hui ressemble grosso modo à ce qui t'attend entre le refuge du Goûter et le sommet du mont Blanc. La seule différence, c'est que la dernière partie est assez spectaculaire – et je manie l'euphémisme avec dextérité. Comme tu pars de zéro, voire de moins que zéro, *my dear*, je te donnerai demain quelques leçons pour travailler ton équilibre. »

21

Grands Montets, 10 h 10

Le lendemain matin, devant moi, un homme tombe la tête la première. Pictogramme dramatique d'un panneau noir et jaune, sous lequel il est écrit : « CREVASSES. » Juste à côté, histoire que le message soit bien enregistré, un second panneau, branlant, orange et battu par les vents, met en garde les téméraires : « Au-delà de cette limite vous   sous votre propre responsabilité. » Le mot « évoluez » a été effacé. Pourquoi ? Je suis pourtant prêt à évoluer.

Aiguille des Grands Montets, 3 295 mètres. J'ai petit-déjeuné l'estomac noué et j'ai mal dormi, électrisé par les endorphines. Dans cette Mecque du ski hors piste, ma météo morale ressemble à celle des pires nouvelles horrifiques de Lovecraft, mes préférées : *Les Montagnes hallucinées* et *La Couleur tombée du ciel*. Des histoires d'expéditions polaires qui virent au massacre, de météorite maudite qui contamine toute une région, de personnages naïfs ou aguerris qui basculent dans la folie, tétanisés. Cette sinistre bosse de glace où doit se dérouler l'exercice du jour renferme-t-elle des abysses peuplés de créatures fétides, visqueuses et ganglionnaires ? La pente est rude et nous montons de biais.

Aujourd'hui, je dois réapprendre à marcher.

Règle numéro un : à chaque pas, adhérer pleinement au sol en plantant le maximum de dents dans la glace. Oui, les dents des crampons. Pas tes propres quenottes. Même si tu risques effectivement de te casser la gueule un paquet de fois…

Règle numéro deux : ne jamais se précipiter. Un pied après l'autre.

Règle numéro trois : veiller à ce que la corde qui nous relie soit toujours tendue, pour ne pas marcher dessus. Mécanique apaisante.

Règle numéro quatre : pour bien monter, marcher en canard. Comment ça, tu n'as jamais vu un canard marcher ? Mais enfin, le citadin : les palmes en « v », pour faire de petits pas, en fléchissant les genoux. Ce qui permet de baisser son centre de gravité et d'avoir plus d'adhérence au sol.

Règle numéro cinq : écarter légèrement les pieds et les jambes pour éviter d'accrocher le pantalon ou les guêtres des crampons avec les pointes de ces derniers.

Règle numéro six : se servir du piolet et du bâton comme d'une canne – non, ça n'a rien à voir avec la femelle du canard ! Écoute-moi au lieu de faire le malin.

Tiens tes cannes par le milieu. Sans les lever trop haut pour les planter, car ce geste fatigue.

Je rame, bien que ces explications soient précises et imagées, davantage que celles déclamées en Corse par Benoît Poelvoorde dans *Les Randonneurs*[12] : « Un petit truc pour les bottines : vous attaquez bien le sol avec votre talon. Vous déroulez le pied et vous poussez avec la pointe. C'est excessivement simple. Au fond, la marche n'est qu'une succession de chutes rattrapées et de déséquilibres compensés. » Pour sa faconde, son énergie et son art de la déconnade, René est parfois comparé au tonitruant comédien belge.

Je snobe le vide qui me tend la joue droite et nous arrivons au pied d'une paroi glacée où des alpinistes chevronnés s'entraînent à l'escalade. Nous n'irons ni plus loin ni plus haut. Je dois maintenant me retourner et repartir en arrière. Ouvrir la cordée. Le dernier pas pour rejoindre mon guide sur ce rocher noir m'a déjà bien flanqué la pétoche, alors me retourner sans tomber… Mais par un savant mélange de chutes rattrapées et de déséquilibres compensés, j'y parviens.

Sitôt en bas, on recommence. Aller, retour. Pour m'aider à avancer horizontalement le long de la paroi, le crabe piémontais exécute un mouvement de danse à la Chaplin, gracieux, la botte côté montagne dans le sens du chemin, la botte côté danger formant un demi-cercle…

12. Réalisé par Philippe Harel en 1997.

Un mouvement de balancier souple et naturel, facile et reposant, que je mets deux heures à intégrer, parce que je ne suis pas Charlie C., juste un charlot.

Nouvelle manœuvre, difficile : descendre, de face, ce dénivelé qui me dénigre, qui me nie, qui me vexe, qui me leste, garder mon équilibre et « si besoin » m'aider du bâton et du piolet, mais surtout rester debout. Debout dans la pente qui est devant moi, je serre les dents – celles de ma mâchoire, celles de mes chaussures – et je mesure le poids de mon corps et la pertinence écrasante des lois de Newton. Debout dans la pente qui est devant moi, je panique à l'idée de tomber. Debout dans la pente qui est devant moi, je sais que je ne serai pas blessé, qu'il ne peut rien m'arriver de grave si je cède à la gravité : c'est comme un toboggan de gosse, je glisserai et cinq secondes plus tard je serai de nouveau debout, pas de précipices à déplorer, les crevasses sont signalées par des panneaux pour têtes brûlées la tête à l'envers.

Mais debout dans la pente à dévaler, je me crispe, j'entends crier biceps, pectoraux, mollets, cuisses, je n'ai rien connu de mieux pour renforcer mes abdominaux minables.

– Tes pieds. Mets-les en canard, mon canard. Ou sur 10 h 10, si tu préfères.

10 h 10. Comme à l'auto-école, position de sécurité des mains sur le volant, celle du calme *plat*. 10 h 10, l'heure à laquelle fut signé en 1884 un accord sur

l'heure de référence universelle basée sur le méridien de Greenwich, qui est aussi la raison pour laquelle les professionnels de l'horlogerie règlent toujours les montres à cette heure-là avant de les mettre en vitrine. 10 h 10, quand les aiguilles forment le « v » de « victoire ». 10 h 10, pour vaincre les aiguilles alpines.

Je descends et remonte cette pente, me répétant à voix basse : « 10 h 10, équilibre, 10 h 10, équilibre. » Puis René décide de compliquer le jeu et défait la corde entre nous.

– Maintenant, je vais rester là et toi, tu vas t'entraîner et tâcher de t'amuser sur cette surface. Moi, je regarde et je corrige si nécessaire.

On se croirait dans un épisode de la série *Kung Fu*. Petit Scarabée repart à l'assaut. J'alterne, seul, montées et descentes. Je veux bien faire car Maître Charlie Shaolin me surveille. Mantra : « 10 h 10, équilibre. » J'ai l'impression de peser 1 010 kilos, mais je ne tombe qu'une fois et j'en rigole.

– Sers-toi du piolet comme d'une canne. Tiens-le par la pointe, le pouce sur le plat.

J'ai peur de me tordre la cheville. Il suffirait de ça pour tout annuler, fin du voyage. Dans l'après-midi, René confessera qu'il a « joui » quand il m'a dit : « Donne-moi ton piolet et ton bâton. Tu dois comprendre que tu peux marcher sans eux, grâce aux crampons. »

Réapprendre à marcher.

Ma mère m'a souvent répété que j'ai fait mes premiers pas à quatorze mois, « chez tonton Coco », mon oncle bricoleur qui possédait de nombreux oiseaux en cage. Le soir où je me suis levé pour la première fois pour avancer dans la vie de manière autonome, j'avais dans chaque main, afin de me tenir en équilibre, « des cuillères de cuisine en bois » ; le plus bizarre, c'est que mon frère, huit ans plus tard, quand il a découvert à son tour le bonheur d'être bipède dans notre mobile-home aoûtien d'Antibes, serrait lui aussi, à l'instant « t », au creux de ses mimines potelées, deux cuillères de cuisine en bois. Je ne sais pas quoi faire d'une telle coïncidence – devrions-nous ouvrir un restaurant ? En passant, ma maman m'a confié qu'à l'origine, elle et moi avons été conduits à la maternité « en jeep » (le souffle chaud de l'aventure, déjà) et surtout qu'en ce jour de novembre, « il faisait un froid de canard ».

J'implore alors Canetor, le dieu des palmipèdes, de m'aider à surmonter cette épreuve. Sans canne, sans corde, j'avance sur la glace, je gravis la pente de biais, tremblotant, sur le fil d'une trace mal dessinée, humide et maigre, convaincu que le patatras est imminent, que je vais me casser le cou, le bec, les lunettes. J'ai les poings serrés, le plexus solaire en feu, je pousse en avant mon menton pour me tirer vers le haut. Je cherche mon axe, je fuis le triple axel, je m'élève en bon élève. Au rocher noir, je mets plus d'une minute à me retourner. 10 h 10, équilibre. J'ai la sensualité d'un sumotori, l'allure belliqueuse d'un All Black. 10 h 10, équilibre. René, les bras croisés, dix mètres plus bas, se tait. Je bafouille des onomatopées. La terre m'attire, je me tiens droit.

Relâchant deux secondes trop tôt ma vigilance, je tombe aux pieds du professeur, ne chutant que de ma propre hauteur. Je ris, épuisé.

– Recommence.

Trois fois d'affilée, je défie sans filet le banc d'essai de l'école des Grands Montets. Je ne ploie plus. René a l'air satisfait. Il est déjà midi.

– Comparé à ce matin, c'est le jour et la nuit.

La leçon n'est pourtant pas terminée.

– Je vais t'apprendre une procédure d'urgence. Elle ne te sera sûrement pas utile, mais tu dois la connaître. Comment cesser de glisser, quand on tombe hors de la trace sur une pente vertigineuse et fortement inclinée ? On va répéter.

René se couche sur la pente, en m'invitant à l'imiter.

– En cas de glissade, tu dois te retourner sur le ventre et planter dans la glace le pic du piolet. Essaye. Allez, abandonne-toi, lâche tout.

Je glisse comme un gosse et réussis le retourné commando, deux fois de suite. La fierté m'envahit comme jadis Hannibal dans les Alpes à dos d'éléphant. En rejoignant nos sacs, j'entends un papa sur la pente dire à son petit : « Alors là, il faut marcher en canard… Tu n'oublieras pas ? »

Promis, *Daddy*.

– Tu as pensé à te reproduire ? demande René, père depuis trente-deux ans d'un garçon qui court sur ses traces. Arthur Ghilini, moniteur de ski et photographe, « aime les moments difficiles en montagne ».

– On en parle, avec ma fiancée.

– Cette semaine, ce serait parfait : il faut avoir les couilles froides.

22

Seul et sans piolet

Dans le salon de thé de la pâtisserie Richard, Petra me tend le journal du 1er septembre. En une : « Un Allemand de 67 ans se tue au mont Blanc. »

Dix minutes plus tôt, René m'a laissé entendre qu'étant donné mes progrès de la veille aux Grands Montets, nous pouvions envisager l'ascension pour le lendemain – ce qu'il doit me confirmer en début d'après-midi à la suite d'une ultime vérification de la météo. Le drame survenu hier réveille mes craintes. Je doute d'être en mesure de m'attaquer au sommet. « Seul en course, il évoluait sans piolet ni baudrier et n'était pas encordé. Il venait de gravir le mont Blanc par la voie normale et c'est à la redescente que l'accident s'est produit. Cent mètres sous le sommet, sur une arête extrêmement étroite de quarante centimètres de large, il a chuté. » À cet endroit, explique dans l'article un secouriste du PGHM, la moindre faute est fatale, on se prend le crampon dans le pantalon ou les lacets, et on part.

J'ai souvent songé à cet homme, originaire de Munich. Gravir le mont Blanc seul, sans piolet, sans la moindre sécurité, sans la moindre chance de se rattraper, qu'est-ce donc, à soixante-sept ans ? Un suicide déguisé en accident ? Trois secondes de malchance ? Il atteint son objectif et cent mètres plus bas, ses crampons se prennent dans son pantalon ? Qui savait, parmi ses proches, qu'il partait dans ces conditions ? Du refuge du Goûter, combien l'ont vu s'engager comme ça, les mains dans les poches ? Combien l'ont précédé, combien l'ont suivi ? A-t-il parlé à quelqu'un entre le refuge et le sommet ? A-t-on le temps de *voir*, de veiller sur les autres quand on se prépare à quitter le refuge, quand on marche dans la nuit, dans le froid, dans le vent, quand chaque pas compte ? Pensait-il s'en sortir comme une fleur, comme une rose ? Accomplir un exploit en solitaire ? Avait-il déjà fait ça dix fois ? Était-ce un alpiniste de très haut niveau, un semi-pro, un amateur ? Un héros, un salaud ? Un criminel sur le point d'être confondu ? Souffrait-il d'un cancer, d'une maladie incurable, d'une humiliation, d'un deuil ou d'un chagrin insurmontable ?

Avait-il oublié son piolet au Goûter, maxi-tête en l'air ?

Le café est amer. Mon guide récite en chantonnant toutes les étapes de la voie normale, dite royale, étalées sur deux jours, du téléphérique de Bellevue à l'observatoire Vallot, mais je n'y crois guère, j'ai peur et Petra culpabilise de m'avoir montré *Le Dauphiné*. Je lui dis que ça ira, nous sommes deux et très bien équipés. L'objectif du jour est de récupérer : je n'ai qu'à marcher deux heures sous les sapins du Merlet pour m'oxygéner, faire une bonne sieste et attendre l'appel de René.

Au pied du rocher des Gaillands, là où René jouait, adolescent, à l'escalade sans équipement, sous cette paroi qu'il affirme être encore capable de remonter à mains nues, je pense au vieil Allemand, je pense à ma mort.

En début d'après-midi, le couperet tombe : nous partons demain matin pour le mont Blanc, par la voie normale. Car sur celle des trois monts, un sérac pousse. « Il n'y a qu'une chance sur douze millions qu'il nous tombe dessus, mais c'est un vrai petit danger. » (René a l'élégance de ne pas me le signaler, mais je sais que mes compétences, très limitées, ne me permettraient pas de me frotter à cet itinéraire.)

De l'avis général, demain les conditions seront optimales. « Il va faire très beau. » René me propose de passer la nuit chez lui, où dormira aussi le gang du Requin au complet. C'est une merveilleuse idée, qui m'évite de gamberger dans ma chambre de la Croix-Blanche (quel nom !) sur les dangers qui guettent Gaitet. Nous avons rendez-vous derrière l'hôtel, à 19 heures.

Dans ma piaule, j'oscille entre désarroi, excitation, perplexité, hébétude, franche frousse, monologues d'autopersuasion, solitude, fatigue, bain moussant, cent pas sur le parquet en fumant des clopes imaginaires, regard mélancolique en jalousant par la fenêtre l'insouciance des badauds, ivresse du saut dans l'inconnu, envie de fuir en douce par le premier train direction Lisbonne, répétition de la procédure d'urgence en glissant du lit, visions d'une vie marquée par le handicap, organisation de mes funérailles, acclamations de la foule en liesse, discours fiévreux lors de la remise d'un prix littéraire important, lettres enflammées de jeunes urbaines CSP+, retour à la position fœtale, promotion d'une campagne de prévention *contre* l'esprit d'aventure, création d'un festival pluridisciplinaire célébrant chaque année les arts domestiques et la joie de rester chez soi en pantoufles molletonnées dans la ville charentaise de Saint-Milou, liée de près à la société « Jean-Pierre Tranquille », fer de lance de l'industrie de la robe de chambre dont j'envisage de devenir actionnaire.

Je boucle mon sac très consciencieusement, après un inventaire scrupuleux de tout le matériel. Je m'observe une dernière fois dans le miroir – je n'écris pas : dans la glace – en étant convaincu d'y voir un vainqueur. Ultime coup d'œil à mes chers livres. Puis je quitte la pièce. Avant d'y revenir moins de soixante secondes plus tard pour rédiger mon épitaphe, reproduite ci-dessous, dont on pardonnera la naïveté et la faible teneur en paroles historiques, écrite à 18 h 54 dans la précipitation du moment, sur mon ordinateur, que j'ai pris soin de laisser ouvert et allumé à l'attention de la femme de chambre.

« Si je ne reviens pas, dites à Judith que je l'aime et que j'ai pensé à elle, ses seins, son cul, ses yeux, son rire et son esprit à chacun de mes pas ; à ma famille, que je suis désolé d'avoir été si imprudent mais que la proposition était irrésistible ; à mes amis, qu'ils feraient bien d'organiser au plus vite la fête la plus sauvage du monde pour célébrer mon passage sur Terre. Mais cette épitaphe est inutile, car je vais revenir. En un seul morceau. Bien sûr ! »

23

Non-Blanc

À 19 h 12, dans le 4×4 de René, en route vers sa datcha, douze heures avant le grand départ, – alors que je n'ai jamais eu l'esprit si tendu, si concentré sur un objectif, aiguisé comme une lame, pointu comme un couteau –, le téléphone sonne. Une dépêche vient de tomber et avec elle, quelques cailloux. Cet après-midi, sur la voie normale d'accès au mont Blanc, un éboulement a fait cinq blessés. Six autres personnes ont été évacuées par hélicoptère et d'autres chutes de pierres « importantes » sont à prévoir dans les prochains jours, en raison des fortes chaleurs de saison.

Maison Ghilini. Autour de la grande table en granit, ce qui devait être un dîner frugal et convivial pour nous porter bonheur mute en centrale d'appels. Il s'agit d'évaluer, tandis que la nuit s'abat sur la vallée, l'ampleur de la menace rocheuse et l'intérêt éventuel de la présence d'un second guide pour assurer au maximum ma sécurité. René se démène pour joindre ses frères d'armes – en tête, Jean-Franck Charlet – afin qu'ils corroborent la dépêche et acceptent de nous suivre demain matin dans cette grimpette imprévue. Amélie et Romuald laissent des messages et envoient des textos à tire-larigot. Pendant une heure, je n'ouvre pas la bouche. Les fondations du château fort mental patiemment consolidé cette semaine se désagrègent, s'écroulent. Des pierres tomberont demain, personne n'est disponible pour nous accompagner. Verdict, sans appel : l'ascension est annulée.

Diagnostic confirmé trois jours plus tard par la préfecture de Haute-Savoie et la mairie de Saint-Gervais, pour lesquelles la voie normale devient « dangereuse », insistant sur « la sécheresse exceptionnelle de la montagne », qui « nécessite la plus grande vigilance ».

Dégoûté, ma première réaction est de rompre le jeûne alcoolisé que je m'impose depuis quinze jours. D'un verre de vin blanc, je trinque à la santé de la Terre.

*

Le lendemain matin, maigre consolation, nous marchons sur le sentier des Rognes, chemin de muletier tapissé de pierres sèches, escarpé, d'abord très bucolique, sous un soleil superbe. Au diapason de ma motivation, nous parcourons un champ de ruines ; cent mille milliards de miettes calcaires qui, le long des zigzags sur les fines vertèbres du massif, se teintent de rouge ; le relief implique parfois de se tenir à des chaînes, parures qui pendent au cou de la paroi ; ou d'emprunter des échelles si chétives qu'elles méritent à peine d'être citées. Balade inoffensive, prenante, mais le cœur n'y est plus – ou au contraire, trop. Vers 10 h 30, une douleur dans la poitrine se fait sentir. Une faiblesse. Un picotement qui ne passe pas, qui grossit, m'encombre et m'alourdit. René attribue ça sans aucun doute à la déception du Non-Blanc. Dépressurisation. Psychosomatique du myocarde.

J'ai mal. Je tire donc une drôle de tête en poussant la porte du beau refuge de Tête Rousse, construit sous le glacier homonyme, à 3 167 mètres. Près d'une nouvelle banderole de drapeaux de prières tibétains, mes jambes tremblotent en photographiant le refuge du Goûter. Une cordée s'élance sur la trace. Aucun accident n'a eu lieu ce jour-là.

*

Humilité. Le plus haut sommet d'Europe occidentale pouvait-il s'offrir si facilement au premier néophyte venu ? Le refuge du Goûter ferme fin septembre, dans moins d'un mois. Les conditions météo sont censées s'améliorer sous quinzaine, mais les intempéries de juin, violentes et anormales, ont prouvé que dans cette région, en ce qui concerne les zones à risques, on évite de trop planifier en amont. Il faudra consulter au jour le jour les prévisions. Et envisager un nouveau stage express en alpinisme, en repartant presque de zéro.

Que faire en attendant ? Courir, comme le suggère Petra, tout en haut d'un énigmatique « mont Noir » (Černá hora, 1 299 mètres), au nord de la Tchéquie ? Se promener sur cet autre mont Noir, cher à Marguerite Yourcenar, colline couverte de pins sombres à la frontière franco-belge, ne culminant qu'à 152 mètres [13] ? Non, je dois retourner à Paris.

13. « Que voudrais-je revoir ? Peut-être les jacinthes du mont Noir... » *Les Yeux ouverts*, Marguerite Yourcenar, 1980.

24

Kinetta, drame antique

QU'EST-CE QUE TU TRAFICOTES en Grèce, le Parisien ? J'expose mes abdominaux herculéens sur la plage de Kinetta, près d'Athènes, où mes ampoules cicatrisent dans l'eau tempérée de la mer Égée. Aujourd'hui, un couple d'amis reporters se marie sous la bénédiction du mont Géranien, dans l'Attique, au sommet duquel – 1 369 mètres – un certain Mégaros, fils de Zeus et d'une nymphe mégasympa, réchappa d'un déluge. Coïncidence mythologique : dans la soirée, la noce a failli être engloutie par des pluies diluviennes. Mais je m'égare.

Une semaine seulement après l'avoir quitté, René m'appelle un samedi à midi pour m'ordonner de sauter dans un TGV car trois jours d'un beau temps inespéré se profilent à l'horizon.

Dilemme. Dois-je plaquer sur-le-champ les festivités pour accomplir ma destinée ? Dois-je révéler à René que la nuit précédente, j'ai rêvé de lui ? Il surgissait comme un diable dans ma chambre d'hôtel grecque, à l'aube, avec son casque, son sac et son piolet pour me dire « C'est l'heure ! », il faut « se lever » et « y aller ». Faut-il avouer que j'ai eu très peur de cette éventualité, me réveillant en eau, transpirant abondamment à un endroit, toujours le même : autour du cou, des clavicules ?

Faut-il confesser que j'ai fait, trois jours avant, une crise d'angoisse, que j'ai d'abord prise pour un infarctus ? En me couchant, j'avais été frappé d'une douleur énorme dans la poitrine, impossible de bouger sans sentir un nœud, des éclairs, un poing serré dans le cœur, qui paralyse. De biais sur le rebord du lit, je respirais très mal, tenter de me redresser me faisait pousser des cris de vieillard qui affolèrent Judith, prête à appeler le Samu, puis la chose se dissipa, en vingt minutes épuisantes. *Stress*.

À l'ombre d'un olivier, couché sur un transat en maillot de bain fleuri, le téléphone au creux de l'oreille, je rêvasse au légendaire Achille, héros de la guerre de Troie, confronté à la prophétie de deux avenirs irréconciliables : « La déesse ma mère, Thétis aux pieds d'argent, m'a dit que deux destinées différentes pouvaient me conduire au terme de la vie : si je persiste à combattre dans les plaines d'Ilion, il n'est plus pour moi de retour, mais j'acquiers une gloire immortelle ; au contraire, si je retourne dans mes foyers, au sein de ma douce patrie, ma renommée périra, mais une longue vie m'est promise [14]. » Quelle est la décision la

14. Chant 9 de *L'Iliade*, Homère, traduction de Jean-Baptiste Dugas-Montbel.

plus juste pour mes pieds d'argent ? Farniente ou ferrata ? Comment protéger ce talon fragile, par où périt Achille ? Qu'on se souvienne aussi d'Ulysse, qui se fit d'abord passer pour fou afin d'esquiver les combats troyens et demeurer près de femme et enfant.

Dès mon retour à Paris, l'intensité de ce bref noviciat en alpinisme a provoqué un effet de manque, d'addiction à l'effort et à l'adrénaline – certes prévisible, mais radicalement inédit chez moi, en conflit avec ma nature plutôt prudente. Repartir m'attire et m'intimide. Curieusement, j'ai l'intuition que le challenge est désormais à ma portée, mais qu'il est impératif de s'entraîner encore et encore. Donc de multiplier les séjours aux pays du risque et de l'inconfort.

Je choisis de rester en Grèce, pariant sur une météo favorable dans les deux prochaines et dernières semaines de la saison. Avant de raccrocher, Mentor Ghilini me conseille vertement de pratiquer davantage de sport pour corriger ce problème d'équilibre qui pourrait me « pourrir la vie » dans mes vieux jours. Un truc primitif, perdu à l'enfance, quand nous n'avions peur de rien, mais que je peux réactiver via des exercices adaptés.

« Tu dois travailler là-dessus, impérativement. En te forçant chaque matin, dès le réveil, tel le héron, à tenir debout dix minutes sur une seule jambe. En marchant sur les murets ou les rampes d'escalier, dès que l'occasion se présente. Voire en pratiquant la *slackline*, qui consiste à tenir sur une sangle élastique tendue entre deux points, parfois au ras du sol. Les moments les plus ridicules auxquels j'aie assisté avec toi, c'est quand tu perds l'équilibre, pas sur des passages corsés, sur du plat ! Tu as peur de tomber sur des surfaces plates, tu te poses dix questions avant de faire un pas. Ça se bosse. Adieu, ma poule. »

Noté. Cordialement, Bill Muret.

*

Le lendemain matin, un alpiniste polonais de quarante et un ans, porté disparu depuis quatre mois, est retrouvé mort aux Houches, la commune de René, dans une zone vierge de moyenne montagne. Partiellement recouvert de pierres, « crampons aux pieds », le malheureux avait semble-t-il pour projet de gravir le mont Blanc. Mais son corps a été découvert sur un secteur « que l'on n'emprunte pas pour cette ascension, ni à la montée ni à la descente », a précisé le PGHM de Chamonix. « Avec l'équipement qu'il avait, c'était de la pure folie. De plus, il s'exposait à un fort risque d'avalanche. »

*

Les jours suivants, quand je l'interroge par texto sur la météo des cimes, mon guide répond à chaque fois, avec son sens ébouriffant de la synthèse : « Caca. »

Les amateurs 2016 rangent leur courage au vestiaire.

De manière opportune, Radio Nova m'envoie vivre une semaine au cœur d'une forêt de Normandie, dans une cabane posée dans un arbre, seul et sans téléphone. Sujet du reportage, qui tombe à point nommé : la déconnexion.

25

Le Grand N'importe Quoi

Le film s'intitule *Record au mont Blanc*. Sur les rares images trouvées en ligne, deux femmes et quatre hommes s'empapaoutent en plein air sous un ciel passablement couvert, dans la neige, debout puis couchés puis assis et debout, parfois vêtus parfois dévêtus de polaires et de combis rose bonbon, cols roulés bleu turquoise, bandeaux cache-oreilles *Technique Extrême* et passe-montagnes violets *vintage*, partouzant sur duvets au sommet de quelque chose qui ne ressemble pas, à mon humble avis, au mont Blanc.

En 1993, Private Videos, le *Panzer* de l'industrie pornographique allemande, envoie ses valeureux soldats du X dans la vallée de Chamonix pour tenter d'établir ce record foutraque : le porno le plus haut d'Europe ! « La tête nous tourne, il fait terriblement froid, mais dès que nous avons vu leurs gros bâtons de ski, notre sang s'est mis à bouillir et une orgie a envahi la poudreuse », souffle poétiquement un reportage consacré à l'exploit. Et qui sont les guides qui ont accepté d'assurer la sécurité de toute l'équipe de tournage ? René Ghilini et Jean-Franck Charlet, avec leur confrère Roland Cretton.

La production n'a pas été autorisée à monter au mont Blanc en hélico, raconte René, hilare. Plans de croupes et scènes de sexe sont mis en boîte sur la pointe très étroite de l'aiguille d'Argentière (3 901 mètres). À un moment, le cameraman trop excité annonce qu'il doit illico se masturber, s'il veut poursuivre ses cadrages ; il donne alors la caméra à Jean-Franck, le temps d'un bref plaisir personnel, collé à lui. Mais le froid attaque vite l'endurance des Teutons. Si bien que pour compenser le manque à jouir de hardeurs raplaplas, les éjaculations sont simulées à partir d'un tube de lait concentré sucré.

Au rayon performances savoureuses, ces deux diplômés en espièglerie ont également atteint les 4 808 mètres avec, dans le sac à dos, une table, de l'argenterie, une nappe blanche, des assiettes en porcelaine, quelques grands crus de Savoie et un menu complet mitonné par un chef étoilé, pour les besoins d'une session photo censée promouvoir un célèbre restaurant gastronomique. J'imagine la stupéfaction ce matin-là des grimpeurs amateurs, fourbus – eux dont le petit déjeuner a été léger, souvent pris l'estomac noué –, qui découvrent au terme de l'arête sommitale, attablés sur la bosse pure et immaculée, Jean-Franck et René, le petit doigt en l'air, trinquant au panache de leurs vies aériennes, avant de déguster une soupe paysanne aux croûtons dorés, un civet de cerf aux airelles, un risotto piémontais et de la tomme blanche, servis par un majordome.

(L'un des breuvages coûteux prévus pour ce festin loupa leur gosier. Lancé d'un hélicoptère par une dame quelque peu imprudente, un blanc tomba du mont, la bouteille glissa, glissa, glissa, glissa, glissa… des milliers de mètres plus bas, loin du pique-nique, finissant aux pieds d'un guide abasourdi par ce cadeau du ciel, comme dans *Les Dieux sont tombés sur la tête*.)

Pure et immaculée, la bosse blanche ne l'est pas pour tout le monde. Le 13 septembre 2007, une vingtaine d'étudiants de l'école polytechnique fédérale de Lausanne, passionnés de montagne, gagnent le sommet par l'itinéraire des trois monts avec, sur chaque paire d'épaules, plus de vingt kilos de matériel. Objectif : construire un jacuzzi pour se relaxer dans une eau à 38 °C. Pas question de buller. Croisement improbable entre les savants proprets de l'émission *C'est pas sorcier* et l'humour punk et potache post-Michaël Youn, ce happening a demandé une année de préparation logistique et plusieurs heures dans la caillante pour assembler la baignoire et chauffer le bouzin, sous l'œil consterné des professionnels. En témoigne cette réaction outrée d'un guide présent avec ses deux clients lors de la bacchanale aquatique : « débauche de bruit et d'agitation ridicule », « théâtre de nos délires les plus vains », « nuisances à la limite de l'incivilité ». Les clichés des jeunes Suisses, en bikini et bermuda, bouteille à la main, serrés dans le bassin bleu et levant fièrement les bras en signe de victoire, firent le tour de la planète – suscitant moult critiques. Les intéressés ont répondu plutôt intelligemment, en s'excusant d'abord auprès des personnes qui pensaient arriver seules tout en haut.

En 2009, c'est une cage de football qui est bricolée sur cet inattendu terrain de jeu, afin d'accueillir les tirs au but de Zinedine Zidane, parrain d'une association européenne de lutte contre des maladies rares d'origine génétique.

La même année, le « pianiste des cimes », Philippe Genin, y interprète pendant cinquante minutes une bonne partie de son « répertoire piano-bar » (Beatles, Ray Charles, Michel Berger) devant « un large public » (« au moins trente-cinq personnes ») sur un clavier de 6,2 kilos. Trois ans plus tard, bouquetins et marmottes entament une dépression après avoir entendu la chanteuse Zaz déclamer son tube *Je veux*, accompagnée d'un guitariste et d'un contrebassiste, depuis le cône suprême. À l'endroit où Hugues Reiner, chef d'orchestre français à la coiffure hirsute, seul et froidement vêtu d'une simple queue-de-pie, a fait jouer Beethoven à l'orchestre national de Pologne, regroupé deux mille huit cents mètres plus bas, en 1993.

De toute évidence, je l'avoue, OK, ce serait idiot de le nier : j'ai du mal à décrocher.

26

Antécédents cimiesques
Tout nu au Tibet

SI LE MONT BLANC refuse de m'accorder cette danse, je dois lui rappeler que j'ai déjà fréquenté plus grand et plus occupé que lui. C'était au Tibet, il y a dix ans.

À la fin de l'hiver, j'étais entré sur le territoire en train, via la ligne ferroviaire la plus élevée du globe, reliant Pékin à Lhassa et inaugurée huit mois auparavant. Quarante-huit heures de voyage, au cours desquelles deux ingénieurs chinois avaient parié en pouffant qu'ils réussiraient dès la première nuit à me saouler au *baijiu*, cet alcool à 55° à base de sorgho fermenté – peine perdue, me disais-je en décapsulant *leur* dernière bière tout en dégageant le maigrichon qui roupillait contre mon épaule. 4 561 kilomètres de prouesse technique, à parcourir des terres gelées, steppes arides variant du blanc à l'ocre, du rouge au caca d'oie, dans ce « dragon de fer » qui traverse une chaîne de montagnes de 4 000 à 5 000 mètres d'altitude. Vaste nulle part colonisé pour durcir la domination économique, ethnique et militaire de la Chine sur la région, béton coulé, tunnels percés et rails posés par -30 °C par des ouvriers « grassement » payés 200 à 300 euros chaque mois – hommes, femmes et enfants issus de camps *laogais* de rééducation par le travail [15]. Du wagon-bar, on ne voit guère ce qui fut nécessaire pour encorder la Cité interdite au palais du Dalaï-lama : pillage des ressources minières, expropriation de familles entières, appauvrissement des sols surexploités, empoisonnement chimique de la faune et de la flore [16]…

Dans mon compartiment, j'ai parlé en yaourt avec un couple de potiers tibétains, rondouillards et nourris dès le réveil de tendrons de poulet et de soupe de saucisses couleur bâton de dynamite, visiblement inquiets de ma réaction au manque d'oxygène – les hôtesses avaient distribué un masque tubulaire permettant je ne sais comment de mieux respirer, mais j'avais décidé de m'en passer. La tête me tournait quand je me déplaçais dans les couloirs, et cette sensation de flottement, de coaltar engourdi, n'était pas désagréable. Trois autres visages pâles voyageaient seuls : un globe-trotter madrilène bien sympathique, un prof d'université grisonnant du New Jersey en congé sabbatique, un Monégasque d'un mètre quatre-vingt-douze qui débarquait de Mongolie. Compagnons adaptés pour une exploration de la capitale

15. *La Nouvelle Histoire du Tibet,* Gilles Van Grassdorff, (éditions Perrin, 2006).

16. Jonathan Watts et Huang Lisha, « Et Lhassa fut reliée à Pékin », article du *Guardian* traduit par *Courrier international* en décembre 2006.

ou – mieux – des reliefs environnants, que je n'imaginais pas, à notre arrivée en gare, si propices au nudisme.

Yamdrok-Tso. L'un des trois lacs sacrés du Tibet, à trois heures de route au sud de Lhassa. Une étendue d'eau cyclopéenne, d'une superficie six fois supérieure à celle de l'île de Mykonos – possible opposé sur le plan du karma. À 4 441 mètres, nous n'entendions plus un bruit, mis à part le grognement mou d'un yak sur lequel je fus invité à grimper par son propriétaire qui se marrait en me voyant jouer les cow-boys à deux yuans. Un cœur brodé de rouge ceignait le front de la pauvre bête blonde qui supportait mes âneries. « Il faut sept jours pour faire le tour du lac à pied », avait dit son maître. Des chaussures égarées jonchaient le rivage. Combien de pèlerins envisageaient chaque année une telle randonnée, le long des courbes complexes de ce fabuleux poumon bleu ? Vu du ciel, le Yamdrok a la forme d'un scorpion – mon signe astrologique : un hasard ? Impossible ! – qui aurait pu, qui aurait dû, grâce à son aiguillon venimeux, protéger les environs d'un envahisseur…

Nos guides nous poussèrent à marcher sur le lac à moitié gelé. J'avançais comme un enfant. Si la banquise craquait, j'étais parti pour inspecter le réservoir à poissons du pays. Noyé dans les bras d'une déesse qui, selon la légende, s'est métamorphosée en cette immense baignoire d'eau douce. Se prosterner tous les trois pas était de tradition. Mais l'un des sherpas préféra sauter de tout son poids sur la plaque afin de nous assurer de sa solidité, en riant aux éclats. Ce vieux farceur n'était pas au bout de ses surprises.

Face aux montagnes brunes du Yarlung, berceau de la civilisation tibétaine où jaillirent les premières terres agricoles, le premier village, le premier temple, le premier roi, le premier opéra, comment avons-nous pu avoir l'idée de nous dénuder ? Et de nous photographier ? Face à tant de solennité millénaire ? La séance démarra très sagement, au rythme apaisé d'une procession de cinquante yaks qui s'ébrouaient sur les rives, en travaillant la quiétude grandiose du paysage, les nuages jetés dans le lac, l'humus et la mousse de ces dunes de cappuccino à peine enneigées. Il y eut pourtant dérapage. Était-ce le manque d'oxygène, à cette altitude proche de celle du mont Blanc, qui n'irriguait plus suffisamment nos cerveaux d'Occidentaux idiots ? La faute à cette mystérieuse sculpture de glace ? Triangle équilatéral parfait, épais et translucide, de la taille d'un petit totem, comme le sont parfois certaines bouteilles d'eau minérale luxueuses, abandonné à plus de cent mètres du bord, ramassé par votre serviteur hypnotisé. Nous l'avions porté, sanctifié. Il s'agissait ensuite de se coucher grotesque à ses côtés, de le faire fondre grâce au sex-appeal thermique de trois branquignols européens de vingt-cinq ans – car notre doyen américain préféra réaliser ces clichés compromettants plutôt que d'y participer, renforçant l'aspect *weirdo* de la situation, Larry Clark improvisé.

Nous n'eûmes pas froid lors de cette matinée sans vent. En tenue d'Adam devant les lointains pics himalayens, le triangle glacé en cache-sexe pour le moins exposé d'entre nous, nos peaux roses méritaient de couler par quarante mètres de profondeur dans les eaux turquoise du Yamdrok. Imbéciles insouciants, nous posions comme des mannequins pour un calendrier blasphématoire qui aurait pu nous coûter dix jours de prison [17]. Cela ne dura que cinq minutes, mais c'était trop. Le feu au lac.

Nos guides fumaient, adossés au Toyota. Ne parlant pas un mot d'anglais, ils n'avaient pas pu insister sur le fait que ce *Tso* était sacré. Un signe de désapprobation aurait suffi à me dissuader. Mais l'indulgente dame du lac, la déesse de jade vert, finit par résonner en moi.

On raconte que le Yamdrok peut orienter celui qui sait l'entendre dans la quête de l'âme réincarnée du Dalaï-lama. Quand ce dernier disparaît, il est du devoir des maîtres-moines de trouver la personne qui offrira un nouveau corps à l'*Océan de sagesse*, autorité spirituelle de la région. Les prêtres se rendent au lac pour prier, chanter et déposer des fragments d'écharpe de soie blanche traditionnelle (*hada*) et autres fétiches bénis dans l'espoir de géolocaliser l'emplacement exact de l'âme du défunt. Le Yamdrok-Tso révélerait des visions

17. En avril 2016, le photographe chinois Yu Feixiong est arrêté suite à sa série de nus artistiques avec une jeune et belle compatriote sur les rives du Yamdrok-Tso, soulevant une polémique internationale quant au caractère esthétique d'un corps dénudé sur un site sacré. « L'incident du Yamdrok » fut considéré comme un nouveau symptôme de l'hégémonie culturelle exercée par la Chine sur le Tibet.

du futur. On y pêche des oracles dont s'avère friande la population locale.

Sans réfléchir, le lendemain, je pris la route du Potala, lieu de résidence des dalaï-lamas depuis le XVIIe siècle et jusqu'en 1959, année de la fuite de l'actuel tenant du titre, réfugié en Inde. Sur une colline de Lhassa, ce palais d'hiver aux allures de forteresse me magnétisa – légèrement honteux, j'avais pour pénitence fait vœu de visiter (tout habillé) les mille pièces de cet édifice de treize étages, croisant bonzes et paysans, en démarrant bien entendu par les quatre cent trente-deux marches des majestueux escaliers de façade, que j'arpentai patiemment, mais sans souffrir.

Une décennie plus tard, le jour de notre rencontre, le bodhisattva Ghilini me demandera : « Ah ! Tu as monté tous les escaliers du Potala ? Et t'es pas mort ? Je suis rassuré. Nous irons au sommet. »

27

La pierre au ventre

Mai 2017. Depuis quinze ans, j'ai la chance de compter parmi mes amis les plus chers de joyeux Savoyards dont l'un doit bientôt se marier. Il a été vite tranché que l'enterrement de vie de garçon aurait lieu sur ses terres et, pour des raisons de commodité, dans les environs de Chamonix et, promis je n'y suis pour rien, dans un chalet des Houches. René et Petra, que je n'ai pas revus depuis la débâcle aoûtienne, ne sont hélas pas là.

L'enlèvement divin du garçon a lieu un midi, dans une brasserie parisienne où nous l'avons menacé d'un déjeuner furtif : paupiettes arrosées de brouilly, crème caramel, café. Notre marathonien lusophone, hédoniste sérieux sur la couenne, a cru judicieux de s'armer pour le voyage en train du sel maigre d'un saucisson des Abruzzes, de saucisses sèches catalanes, d'un pot de terrine de poule, de vingt tranches de salami piquant, de cinq ou six fromages (comté vieilli trente mois, brie aux truffes), d'un très gros pain de campagne, de quatre bouteilles de pif et d'une gourde de deux litres de rhum arrangé jamaïcain – le tout sera nettoyé par le fond à l'arrivée en gare de Bellegarde.

Au chalet, le capitaine Bubu, officier de liaison de ces montagnes gouleyantes, inquiet à l'idée que nous puissions souffrir de la faim à l'heure de l'apéritif, avait recouvert la table d'amuse-bouches parmi lesquels du lard de Colonnata, du foie gras au porto et un poisson blanc, frais, servi en fines lamelles – une féra du Léman, délicieux, fort curieusement baignée pour ma part de bière tiède et de chips paysannes. Ainsi lestés, heureux et braillards, le premier bouton ayant déjà sauté, nous avons poussé notre attelage vers les poêlons ancestraux du restaurant La Calèche, à deux minutes de l'hôtel de la Croix-Blanche où j'avais rédigé pour rien mon épitaphe.

La carte propose une raclette au couteau fumée au feu de bois « fromage en demi-lune », avec ses viandes des Grisons, irrésistible. En l'espace de douze heures, c'est mon cinquième repas : j'aurais dû me méfier. J'ai bu et mangé comme un ogre. Ce frometon ne s'arrêtait jamais de couler et moi avec, j'aurais voulu m'allonger sous la meule et qu'on racle ce magma jaune à ma guise, m'endormir la gueule ouverte sous ce Niagaraclette de lait cru à croûte croustillante, nager dans les alluvions de ce Nil doré d'origine mammifère jusqu'à rejoindre ma crique de pommes de terre ; la peau des patates bronzait au zénith d'une plage de charcuteries parfumées d'ail et de laurier. Aïe, avais-je commencé à me dire en tapissant mes dernières assiettes de belles feuilles de mâche *pour faire glisser*. Ouille, sentant l'abus pointer, mâchouillant péniblement les ultimes bouchées, commandant un cognac en songeant aux enfants du tiers-monde, l'estomac douloureux, lourd.

À minuit, j'ai faussé compagnie à mes frères, partis aligner les *shots* enflammés dans les bars estudiantins de la rue des Moulins.

Le cœur au bord des lèvres, j'ai longé l'Arve en observant les remous de la rivière, en nage, priant pour digérer mes excès pantagruéliques.

Sous les fenêtres des éditions Guérin, une pierre dans le ventre, en surplace dans une contre-allée obscure, j'ai fait le bilan des neuf mois qui venaient de s'écouler.

J'avais repris l'entraînement en janvier, seul, Ricky Balboa des Buttes-Chaumont, pour une heure hebdomadaire de jogging, prolongée d'une petite heure sur les soixante-quinze marches d'Edgar Allan Poe montées puis descendues au pas de course, dix fois de suite. Souvent ce fut laborieux mais à force, j'acquis l'œil du tigre (de Java, si j'en croyais ma capacité à accepter toutes formes de fêtes, épiphanies et autres libations libératoires, ragoûts et raouts, surtout à l'approche de la date retour) et persistai à ne prendre aucun ascenseur, aucun escalator. Efforts désintégrés par des farandoles de bidoche, randonnées quotidiennes sur les hauts plateaux de fromages, rab' de desserts et liqueurs en fûts de chêne derrière la cravate du samedi soir, demis démultipliés sur les comptoirs de mes conversations nocturnes, danses improvisées vers des aubes lentes et bleues, je ne refusais pas grand-chose, j'étais ce cœur ouvert, veineux, veinard.

Fallait-il d'ailleurs, quand j'y pensais (tous les jours), convenir d'un nouveau rendez-vous chez le cardiologue ? Check-up prudent ? Mon médecin traitant, croisée – je le jure ! – au pied des escaliers de la discipline, m'en avait dissuadé. « Ça ira. »

Je n'avais pas du tout travaillé mon équilibre sur les murets. Au contraire, j'étais beaucoup tombé.

Pendant ces neuf mois de latence, j'avais également rencontré Bernard Amy, alpiniste ouvreur de voies de la Patagonie au Kurdistan en passant par l'Atlas et le Groenland, écrivain que sa concision et son imaginaire peuvent apparenter à une espèce de petit Borges des sommets. Dans sa nouvelle *Genèse*, Amy dévoile par exemple l'existence d'une confrérie secrète et millénaire de sculpteurs de montagnes qui, burin et marteau en main, modèlent et remodèlent les rochers des Alpes en leur donnant « l'intention qui leur manquait [18] ». Chercheur en sciences cognitives, il m'a aidé à sculpter mon désir en me recommandant de lire *Zénith* de Pierre Dalloz. « Qui une fois a connu l'altitude en reste hanté », écrit en 1931 cet alpiniste, photographe, architecte et

18. Tirée du recueil *L'Alpiniste* (Attila, 2012).

grand résistant, coauteur de la première ascension de l'arête des Grands Montets, sous laquelle j'aime marcher en canard. Son texte, d'une beauté stupéfiante, flirte avec la métaphysique.

« Lorsque la surface de notre terre nous apparaît comme un visage vivant, mais comme le visage ravagé d'une créature qui aurait beaucoup souffert ; lorsque d'un seul coup d'œil, nous découvrons les déchirements et les blessures anciennes, les alliances compliquées des chaînes, l'union ou le divorce des eaux ; lorsque toute vie animale ou végétale est absorbée dans le creuset gigantesque [...]. »

« Pour ces passions, précise-t-il – avertissement monacal pas très en phase avec nos bacchanales –, nous délaissâmes les jeux de la jeunesse, décidés à rester forts et intacts, soucieux de nous préserver de corps et d'âme contre les défaillances de la chair… »

Défaillant dans ma chair, prisonnier volontaire d'une overdose de bonne chère, j'eus dans le noir de cette nuit le regard tourné vers le mont Blanc, la peur au ventre.

28

Mais l'ampleur m'a fait me fissurer

Et cette peur s'est répandue de manière assez mélodramatique, la veille de mon retour dans la vallée, en terrasse d'un restaurant du boulevard de Ménilmontant, un soir de canicule en tête-à-tête avec la femme que j'aime, alors que nous étions sur le point d'être séparés, parés pour affronter chacun des émotions inédites.

Judith allait vivre une montée, elle aussi : elle venait d'écrire un spectacle, seule, qu'elle allait jouer, seule, pour la première fois sur scène pendant ma tournée sur les cimes. Spectacle que j'ai toujours soutenu, encouragé, mais lors de ce dîner, j'avais l'esprit ailleurs. Si bien que lorsque j'entendis poindre un soupçon de reproche quant à mon désintérêt manifeste pour le travail en cours et le trac terrible qu'un tel défi sait provoquer, j'ai craqué, lamentablement craqué, en me lançant dans un monologue aigu, pour expliquer en criant, bêtement énervé, que j'avais des chances de mourir, crevé, tac, terminé, ou de revenir en vrac, amoché, en fauteuil roulant, boiteux ou pire, « débile », « légume », il suffit D'UNE pierre. Je répétais les chiffres, trois morts et huit blessés en moyenne chaque année depuis 1974 sur la voie royale, celle que je vais emprunter, « Je te l'ai déjà dit, non ? NON ? NON ? Eh bien j'ai oublié », trois morts à coup sûr, c'était fiable comme statistique, « et parfois plus ! Il y a des années à dix, onze, DOUZE », ça pouvait tomber sur moi, avec ma chance, ma gaucherie, ma myopie, mes pépins d'équilibre que je n'avais même pas tenté de corriger, d'autant qu'il y a des pros qui meurent aussi dans des coins « pourris, pourris, pourris », j'avais vu des choses, je m'étais refusé jusqu'à présent à regarder des images de l'ascension et du sommet pour me préserver, mais le JT avait diffusé hier la vidéo d'un amateur filmée au téléphone portable dans ce passage, « le couloir de la MORT ! OUI ! DE-LA-MORT ! », les cailloux dégringolaient comme dans un jeu vidéo à une vitesse folle, je me voyais pourchassé par des dizaines et des dizaines de rochers gros et petits tel Buster Keaton en queue-de-pie dans *Les Fiancées en folie* (1925), je repensais à l'aiguille du Midi, aux arêtes qui m'attendaient, à ces foutus « deux mille mètres de VIDE des deux côtés, OH ! », à mon guide qui, s'il était sans aucun doute le plus brave, costaud et tout, n'en était pas moins « HANDICAPÉ de la main gauche [19] ! » et même si

19. Ce qui n'est pas forcément un problème. Lionel Terray : « [...] au mois de novembre, tout fut remis en question par un stupide accident. Je me blessai très gravement à la main droite avec un verre cassé ;

je repartais m'entraîner plus longtemps que la saison dernière et cette fois à la meilleure période de l'année (fin juin, début juillet : ni trop froide, ni trop chaude), « le risque zéro n'existe pas », encore moins pour un zéro dans mon genre, « et… »

Ma compagne de cordée avait réagi avec le pragmatisme d'une guérisseuse de Shangri-La. Dans notre refuge du Père-Lachaise, j'avais eu droit à un bain de pieds (dans le seau qui sert d'habitude à laver le sol, certes : peu importe le flacon) au gros sel, dont les vertus seraient de soulager les muscles en stimulant la circulation sanguine, voire d'éradiquer les énergies négatives. Cette immersion s'accompagna d'un massage de la zone concernée, qui piétina la majeure partie de mes appréhensions. Avant de se lancer à l'aventure, je conseille d'être amoureux.

---

le tendon fléchisseur de mon index fut sectionné et une grave infection s'étant développée, je faillis perdre l'usage de ma main. Après des soins énergiques qui me retinrent près d'un mois à l'hôpital, je me retrouvais avec un doigt presque mort et une capacité de préhension très diminuée. Le pire avait été évité puisque malgré cette infirmité, il était certain que je pourrais continuer à exercer normalement mon métier de guide. » (*Les Conquérants de l'inutile*.)

29

Dans l'antre du roi de la montagne

« Tête en l'air de retour dans la vallée ! », titre *Le Dauphiné libéré* à l'intérieur d'une rêverie qui ressemble à une BD de Franquin, tandis que je m'endors dans le TER sans entendre l'annonce précisant que celui-ci ne s'arrêtera pas à Saint-Gervais. Je me réveille à Évian, à 111 kilomètres de ma destination. Dont on ne repart qu'avec un autre train, puis deux autocars… Paris-Chamonix en neuf heures, arrivée à minuit, qui dit mieux ?

Je retrouve René Ghilini le lendemain, dans son Xanadu de Coupeau, où il a été convenu que je vivrais pendant ce second stage en alpinisme, qui pourrait cette fois durer quinze jours – au minimum. Une jolie chambre calme m'attend au deuxième étage de la maison, avec vue sur mon imposant adversaire au chapeau blanc. Fair-play, je prends de ses nouvelles. René sourit.

– Il se passe tout de même des choses étonnantes. L'année dernière, à la même époque, c'était la mousson :

trois semaines de pluie et de neige sans interruption. Cette année, canicule nationale exceptionnelle avec soixante-six départements en alerte. Pour le moment, les compagnies des guides de Chamonix et de Saint-Gervais ont décidé d'interdire à leurs membres de se rendre au mont Blanc par la voie royale, trop dangereuse, jusqu'à nouvel ordre.

J'en reste baba, mais soyons pragmatiques. Nous sommes le 21 juin. Mon seul engagement est le mariage de mon ami, début août, au Portugal. Six semaines devraient suffire à calmer les ardeurs du thermomètre. Ainsi qu'à faire d'un néophyte un homme-chamois.

Sur sa terrasse ensoleillée, dans le ventre vert du massif alpin, j'observe mon maître. Depuis notre dernière rencontre, il a eu soixante ans. Cet âge symbolique sera-t-il bientôt sabré par un prochain défi ? L'Everest, par exemple ? Le toit du monde (8 848 mètres) s'est toujours refusé à lui, malgré quatre tentatives par quatre voies différentes. Jamais il n'a pu dépasser les 8 600 mètres. « Un seul fautif : le vent. Des bourrasques te décollent du sol, te font flotter sur la corde, racontait-il en 2015 au journaliste sportif Christian Jeanpierre[20]. J'ai eu des crises de panique face au vent. Pas d'autre choix que de faire demi-tour. Lors de l'une de ces tentatives à l'hiver 1982, une expédition japonaise menée par le grand alpiniste Yasuo Katō a voulu

20. Tiré de *48 2/3* (éditions Les Arènes, 2015).

continuer malgré le vent. Ils sont passés devant moi. Ils ne sont pas revenus. »

Petra rejoint la conversation. Pudiques, les deux me font comprendre à demi-mot que… l'Amazone des Houches est enceinte !

– Il mesure un centimètre, mais dans neuf mois, ce sera un gros défi. Un sommet important.

Je les embrasse, fou de joie pour eux.

– Un enfant qui naît ici, il a tout : une grande maison, la nature et des parents qui vont l'aimer avec le temps de s'en occuper. À la naissance de mon fils, je grimpais tout autour du monde, sur l'Himalaya… Pour elle, ce sera différent, je serai là. Oui, je préférerais que ce soit une fille. Et qu'elle ne fasse pas de montagne.

J'objecte qu'avec des parents pareils et ce décor extraordinaire, il serait surprenant que la future progéniture n'ait pas le goût de la crapahute, mais nous n'avons déjà plus le temps : je dois marcher, marcher, marcher, me remettre à niveau, réoxygéner cœur et cerveau, perdre du bide, faire suer la bête. Ma vieille casquette sur la tête, je cours retrouver les sentiers adorés du Merlet et gambade sur les tapis d'aiguilles en fredonnant *Dans l'antre du roi de la montagne*, ce fragment minuscule et très connu du poème symphonique d'Edvard Grieg basé sur la pièce d'Ibsen, *Peer Gynt* (1867). Ou l'histoire épique d'un jeune garçon qui se dit « inébranlable comme un roc » mais que sa propre mère décrit comme quelqu'un « qui ne savait que mentir et raconter des contes », « lui qui n'était fort qu'en paroles et qui n'avait jamais rien fait qui vaille ».

Bel-Ami des collines de Norvège, Peer-au-pied-léger entreprend d'aller séduire la fille du vieux roi légendaire des monts de Dovre, souverain de trolls à gros nez qui veulent le rôtir à la broche, mais Gynt se défile lorsqu'il comprend que la main de la princesse troll ne lui sera cédée qu'au sacrifice de ses yeux. Non ! Et les gnomes démoniaques se mettent à le pourchasser, départ d'un crescendo génial, énormissime, d'une cavalcade effrénée de violons flûtes hautbois trompettes clarinettes cymbales et grosses caisses tonitruantes que je sifflote et mime sous les arbres en faisant poum-poum et nin-nin-nin, m'agitant dans la forêt comme un chef d'orchestre bien allumé.

*

À la boutique d'Argentière, je constate avec désarroi que les chaussures de compétition que nous avions laissées l'été dernier, marquées de mes initiales, ont disparu. Un modèle similaire est déniché dans la réserve. Mauvais pressentiment. Inquiet, j'échoue à faire mes lacets à dix crochets, sous le regard mi-las mi-fasciné de René.

Connexions cérébrales grippées. J'ai parfois l'impression embarrassante que mon rapport au monde matériel peut se résumer ainsi : ce garçon ne sait pas faire ses lacets. Pas bien. Pas du premier coup. De même, je ne suis jamais sûr de moi quand on me confie des clés. Car une hypothèse m'envahit, je vais rester dehors, je ne vais pas réussir à actionner le verrou. Torsion psychologique analogue à mon refus de cuisiner, de bricoler ou de conduire. Les choses me résistent. J'ai monté la plupart des meubles neufs de notre appartement, avec fierté, mais cela fut aussi mémorable que la visite d'un pays étranger. Tout ce qui me demande de la technique, sur le plan matériel – pas seulement de la jugeote, de la discipline, de la concentration, de l'imagination – me navre d'avance. Apprendre la peinture, la voile ou le tir à l'arc ? Impossible. Le chant ou le karaté, d'accord.

Or, survivre aux névés implique un doigt de technique – qui saigne à présent, au flanc de l'index, après trois essais pour boucler correctement ces fichus lacets.

– Pied-tendre, ce n'est pas aujourd'hui que je vais t'inscrire au marathon du mont Blanc, ricane le King de Coupeau.

À la fin de la semaine, des centaines d'athlètes aux jambes mutantes vont en baver sur des pistes à fort dénivelé, parfois boueuses et accidentées. Moins ultra que l'Ultra-Trail, mais déraisonnable quand on aime se resservir en lasagnes. René me parle des records établis dans cette discipline, marquée par un jeune Espagnol aux capacités surhumaines qui, quelques heures après mon retour dans la vallée, se rendra tout en haut du mont Blanc… en baskets.

30

Spécial K

EN BASKETS, en short et en T-shirt. Et surtout en direct sur Facebook. Le mercredi 21 juin 2017, à l'heure du déjeuner, Kilian Jornet i Burgada, vingt-neuf ans, surnommé *l'ultra-terrestre*, est sur le point d'arriver au sommet du mont Blanc.

En cette agréable matinée de juin, le *skyrunner* est venu s'entraîner, seul, pour le marathon du week-end. Promenade de santé. Au moment exact où j'arrive chez René et que ce dernier cueille, lave et assaisonne la salade de nos retrouvailles, Kilian Jornet a l'idée de partager ses réflexions. Il a sorti son smartphone et s'est connecté au réseau social. Six mois plus tard, cette vidéo de quatorze minutes comptabilise plus de 500 000 vues et aura suscité une épaisse controverse.

*

Je n'avais quasiment jamais entendu parler de ce phénomène avant notre présence simultanée dans la vallée.

Tout juste m'était parvenu le bruissement léger et lointain d'un exploit, quasi-record mondial frôlé trois semaines auparavant, le 27 mai, dans sa catégorie si singulière d'*alpinrunner*, mélange de course à pied et d'alpinisme[21]. Oh, trois fois rien : l'Everest en 17 heures sans oxygène supplémentaire ni corde fixe, en solo. Seulement l'aller, hein ; l'aller-retour fut effectué en 28 heures 30. Les meilleurs alpinistes mettent normalement au moins trois jours pour balleriner sur le toit du monde, via le Tibet, par la face nord.

Mais cet homme n'est pas normal. Cette performance fut réalisée six jours après une première ascension de l'Everest, dans les mêmes conditions. Des maux de ventre l'ont ralenti, alors il est reparti. « Ce n'est pas un exploit. Juste une montagne un peu plus haute », confiera-t-il, frimant ainsi par excès de modestie.

Parmi les montagnes un peu plus basses que cet hidalgo aux semelles de vent a déjà conquises, il y a celle que je convoite. Une nuit de 2013, parti de l'église de Chamonix, il a fait l'aller-retour au mont Blanc en 4 heures et 57 minutes (afin d'y croire, j'écris ce mot

21. « Ce sport consiste à tracer les plus belles routes, à atteindre les sommets les plus acérés, les arêtes les plus esthétiques, en partant en courant du village le plus proche, sans jamais emprunter ni remontée mécanique ni transport, et sans s'abriter en refuge. Il s'agit de courir le plus vite possible jusqu'au pied de la paroi avant de l'escalader avec le minimum de matériel qu'évidemment nous transportons sur nos dos depuis le départ, et, une fois en haut, on redescend pour casser la croûte. C'est simple, n'est-ce pas ? Tout droit… J'aime les choses simples. » (*La Frontière invisible*, Kilian Jornet, éditions Arthaud, 2013.)

une seconde fois : l'aller-retour). Le précédent record remontait à 1990, détenu par un Suisse, en 5 heures 10. Pour le péquin moyen, cet effort nécessite environ 25 heures, réparties sur un jour et demi. Cinq fois plus de temps. *Olé*.

Face au recordman mondial incontesté, moi, le novice à lunettes, j'ai tout à apprendre.

Fils d'une directrice d'école et d'un gardien de refuge des Pyrénées espagnoles, Kilian Jornet a gravi la suprême bosse blanche une centaine de fois – dont deux fois de suite le même jour, ce qui commence à m'énerver. Il a glissé sur ces dunes à pied, à skis ou « sur les fesses » et, qui sait, peut-être traversé le couloir de la mort en déclarant ses impôts, en lisant Bolaño, en envoyant un sexto.

J'exagère ? Ce Catalan a vaincu en courant le Kilimandjaro, l'Olympe, le Cervin, le Denali, l'Aconcagua. À trois ans, il gravissait déjà un belvédère pyrénéen de 3 011 mètres, le Tuc de Molières. À six ans, il jouait à saute-mouton sur le Breithorn, 4 164 mètres, en Suisse, aux côtés de sa sœur, d'un an sa cadette.

Alors que les mots « mont Blanc » n'ont longtemps été chez moi que des synonymes de crème onctueuse ou de stylo-plume pour collégien friqué, le sommet mythique a toujours été présent dans son imaginaire. En primaire, Kilian présente en classe un petit exposé sur ses voies difficiles et leurs pionniers, dont Louis Audoubert, ce « pyrénéiste » qui a réalisé en 1972 avec d'autres la première ascension hivernale de l'arête intégrale de

Peuterey (4 112 mètres), par la face sud. À la maison, il est à bonne école. Son père, Eduard, a ouvert plusieurs voies d'escalade dans les Pyrénées – « sans chaussons », me précisera Jornet par téléphone – et participé à l'une des premières expéditions à skis à 5 000 mètres dans l'Himalaya. Sa mère, Núria, compétitrice en athlétisme et en ski-alpinisme, a enseigné au centre technique de ski de montagne de Catalogne, que Kilian intégrera à treize ans.

Un an plus tôt, tandis que je m'enfonce au même âge dans les eaux brunes du Queyras, le futur champion tente une première ascension du mont Blanc avec son père, lors d'un été marqué par des chutes de séracs meurtrières aux Grands Mulets, qui les incitent en chemin à faire demi-tour. Il y revient à seize ans, en groupe cette fois, avec sa mère, sa sœur, un couple d'amis et leurs enfants, par la voie normale du Goûter, en quittant le refuge de Tête Rousse à 3 heures du matin. Ni le couloir ni les arêtes ne l'effraient. L'adolescent catalan arrive au sommet le premier, avec un copain, au lever du jour.

De mon côté, *teenager* risque-tout des vastes étendues lyonnaises, je pratique un peu le patin à roulettes sur des pistes cyclables particulièrement plates. Certains témoins affirment m'avoir vu réussir, un après-midi, un dérapage contrôlé, mais rien n'est moins sûr. Le météore espagnol, lui, a traversé l'île de La Réunion en enquillant 162 kilomètres et 9 643 mètres de dénivelé, via la diagonale des fous… en boitant du début à la fin, affligé d'une tendinite au genou, pendant 31 heures et 29 minutes. « Jornet n'a pas seulement les capacités pulmonaires et le pouls au repos des grands cyclistes. Sa résistance à la douleur est celle d'un samouraï[22]. »

Quand Kilian s'attaque au mont Blanc, le 11 juillet 2013, dans l'objectif d'en battre le record d'ascension, sa base physique est très grande. Cela fait déjà treize ans qu'il s'entraîne en montagne, sept jours sur sept, à raison de 800 à 1 000 heures d'efforts chaque année, pour ses championnats de ski-alpinisme. Après, souligne-t-il, il y a la technique. Si le mont Blanc n'est pas selon lui trop difficile de ce point de vue, l'épreuve qu'il va s'imposer demande de savoir naviguer dans les glaciers, de ne pas glisser, d'être à l'aise sur une arête en baskets. Ce qu'il appelle ses « répétitions ». Pour apprendre à « lire » la montagne, comme me l'a dit mon père, rêvant dans ses grands déserts blancs.

Enfin, n'oublions pas les petits détails, les réglages. Le mois précédant le record, Kilian y est monté trois ou quatre fois, doucement ; pour voir à quelle heure exacte le soleil pointe son nez et celle où la neige commence à ramollir, afin de glisser dessus à des instants précis ; pour tester le matériel sous diverses températures ; pour prendre des notes sur la traversée de la Jonction, se souvenir des crevasses au moyen de dessins ; pour étudier le terrain. On dirait René, par moments : scrupuleux,

22. *Le Journal du Dimanche*, Stéphane Colineau, 1er décembre 2013.

méthodique, obstiné. Ou moi, lorsque j'essaye de comprendre comment les athlètes de la syntaxe – Flaubert, Gary, René Char, Lester Bangs – élaborent une phrase. Question de souffle, aussi.

Quand l'ultra-terrestre s'élance de nuit – vers 4 h 50 – de l'église de Chamonix, en compagnie de son ami Mathéo Jacquemoud (membre de l'équipe de France de ski-alpinisme, quadruple champion du monde), le tandem ne se met aucune pression. Il va faire beau, ils savent qu'ils atteindront le sommet. Et si le record n'est pas battu ce matin-là, puisqu'ils habitent ici, ils essaieront la semaine suivante. Le plus compliqué, c'est encore de trouver une date libre sur le calendrier de la compétition.

Top départ. Les compères galopent jusqu'au tunnel du mont Blanc, près de l'entrée duquel monte un sentier en direction de l'ancienne gare du téléphérique des Glaciers, en courant sous le câble. Sentier qu'ils abandonnent pour traverser la Jonction, à proximité du refuge des Grands Mulets. Ils s'arrêtent une première fois pour s'encorder, au cas où leurs baskets alertes croiseraient une crevasse ; attachés « à l'ancienne », deux nœuds autour du corps, sans baudrier, avec une dizaine de mètres entre eux, « comme ça, ça joue un peu, celui qui est devant peut tirer l'autre et si les deux sont au même rythme, ça ne gêne pas », dit Kilian. Les sprinters des neiges franchissent avec aisance le petit plateau, le grand plateau, puis retirent la corde au niveau de l'abri Vallot – « pour passer les arêtes », c'est-à-dire qu'ils se désunissent à l'endroit le plus périlleux, où la moindre glissade serait fatale. Logique ? *Claro que si*. Si l'un dérape dans les précipices sommitaux, comme ils n'ont pas de piolet pour se rattraper, la chute serait tragique pour les deux encordés.

Le retour suit le même itinéraire. Malheureusement, à la Jonction, Mathéo tombe dans une crevasse – peu profonde, deux ou trois mètres. Blessé sans gravité, il ne se voit cependant plus descendre à bloc et repart tranquille avec les deux personnes qui filment la performance depuis le début. Après six ou sept minutes de pause, Kilian descend telle la foudre jusqu'à l'église de Chamonix, devant laquelle il retrouve son souffle, torse nu, tassé sur lui-même et serrant ses bâtons, et où il est accueilli – vers 9 h 47 – par un petit rassemblement d'admirateurs et de curieux, qui l'applaudissent et le photographient sans oser l'approcher de trop. Ses premières paroles seront pour Mathéo.

Pourrait-il le refaire ? Battre son propre chrono ? De cette hypothèse, les minutes sont comptées. « Je ne tiens pas trop à l'idée de record, me dit-il. Mieux vaut utiliser ces apprentissages pour vaincre une autre montagne des Alpes ou de l'Himalaya. Cela dit, si un jour je suis à Chamonix et que les conditions sont bonnes... C'est toujours un challenge, tu vois toujours ce que tu aurais pu mieux faire. Après le record, j'y suis retourné de nombreuses fois, par différentes faces ; le mont Blanc, c'est une montagne d'entraînement. Mais si je dois m'investir physiquement, économiquement, dans un nouveau défi, je préfère choisir un sommet où je ne suis pas encore allé. »

*

Combien sont-ils sur Terre à avoir le cran – sans crampons – de désigner le mont Blanc comme une « montagne d'entraînement » ? Où pullulent quand même, pour le *skyrunner*, d'autres souvenirs forts. L'arête de l'Innominata, côté italien, par la face sud, de Courmayeur à Chamonix, très « esthétique ». L'aiguille du Midi par l'éperon Frendo. Et même la voie normale, avec sa copine ou des amis, car cela reste « super beau de partager leur émotion ».

Durant notre conversation, Kilian me confie avoir beaucoup appris de cette montagne, où il ne s'est blessé qu'une fois. Un matin, le plateau reliant le dôme du Goûter à l'observatoire Vallot est envahi d'un brouillard londonien. Jornet et deux camarades n'y voient plus rien et sont de toute évidence les seuls de sortie dans les environs immédiats. Pour retrouver la trace, l'Espagnol enlève ses lunettes de soleil. Le lendemain, la cornée brûlée, il ne pourra plus ouvrir les yeux de la journée.

Puis il y a eu ce drame à la « douleur désespérée [23] ». En 2012, de concert avec son idole de jeunesse, Stéphane Brosse, quarante ans, triple champion du monde de ski-alpinisme, qui au fil des années est devenu à la

23. *La Frontière invisible*, Kilian Jornet.

fois son mentor et son ami, il décide d'entreprendre une traversée à skis du massif, d'une seule traite. Défilent les Contamines, les dômes de Miage, l'aiguille de Bionnassay et le mont Blanc, avec la volonté de poursuivre par les Courtes, un bout de l'aiguille d'Argentière avant de redescendre côté suisse. Sur le toit des Alpes, le froid et le vent rugueux les secouent, mais ils sont heureux. « Un ballet silencieux. Une communion entre notre esprit et la nature. Parfait[24]. »

Sous l'aiguille d'Argentière, une corniche cède soudain sous les pieds de Stéphane, qui tombe dans le vide. Kilian n'était qu'à vingt centimètres du sol dérobé.

« Déjà, tu te dis : pourquoi lui et pas moi ? Il avait quarante ans, une famille, moi je suis plus jeune, j'étais seul… C'est plus simple si c'est moi qui pars. Avant cet accident, je connaissais les risques de la montagne, j'avais connu de petits soucis, des avalanches, des chutes, mais jamais la mort, comme ça, en direct. Ça réveille, une alarme : il faut faire attention… » Il marque une pause, cherche ses mots. « Il faut faire attention. »

*

Dans le silence qui suit, j'évoque à tâtons sa vidéo *live* sur Facebook, au sommet du mont Blanc, en baskets et sans piolet, publiée dans l'objectif de sensibiliser le

24. *Ibid.*

grand public au réchauffement climatique et aux dangers de la haute montagne.

Plein soleil. Ciel bleu. Aucun vent. Bras nus, dans un anglais mâtiné d'accent catalan, Jornet démarre son monologue en déplorant qu'il fasse « super chaud » et « la folie » de pouvoir être « en short et T-shirt à 4 800 mètres ». Il se met à courir sur l'arête sommitale – les images donnent le vertige. Gros plan imprévu sur ses cuisses roses. L'Espagnol dépasse deux cordées en anorak en leur disant « bonjour, bonjour, salut ! » et marque une pause. « Ce réchauffement, c'est très inquiétant. Insensé ! En dix ans, je n'ai jamais vu de telles conditions, même à la fin du mois d'août. Il faut que des gens s'occupent de ça, *take care of it.* » Plans tremblants en caméra embarquée qui collent un peu la nausée. Jornet reste une minute au sommet pour un panoramique descriptif des glaciers environnants, se fait aborder par un fan suédois super fier d'obtenir un *selfie* avec lui, puis repart en courant dans la pente en poussant un petit « *yeeha* » de cow-boy.

Ensuite, la vidéo flirte avec le paranormal. En redescendant l'arête sommitale, Kilian court et se filme en simultané, tout en délivrant un discours cohérent sur son expérience. « Avant d'entreprendre des choses stupides, l'important c'est de s'écouter, d'être honnête et de se dire : OK, est-ce que j'ai les compétences techniques et physiques pour ça ou pas ? Renoncer, ce n'est pas un échec, c'est un apprentissage. »

Paradoxe. Cette vidéo dit ce qu'il faut, mais de façon si spectaculaire qu'elle ne permet guère à son message d'être entendu. En apprenant son existence, l'idée même qu'un champion de rang mondial puisse se filmer en tenue légère et sans équipement – il a deux bâtons, mais pas de piolet, pas de corde – en direct d'un endroit périlleux où les décès s'accumulent précisément par imprudence et défaut de matériel m'a, de prime abord, paru être un summum de fanfaronnade narcissique de la part d'un jeune chien fou, un peu trop cool et inconscient de ses responsabilités auprès du public.

Drapé dans mes certitudes commodes et prêtes-à-penser, j'ai d'abord refusé de voir ces images hallucinantes. Or l'athlète y délivre un message de prévention, ainsi qu'une preuve concrète des méfaits du réchauffement climatique. Initiative spontanée, louable, partant d'une bonne intention, à double tranchant cependant. Du Brésil aux Philippines, sur les 569 000 personnes qui ont posé les yeux sur ces images, combien n'en ont regardé qu'une minute ? Combien ont écouté et compris son message, devant ce décor écrasant ? Combien ont partagé la séquence juste pour la performance époustouflante de ce badaud des cimes sapé comme un joueur de ping-pong ? Parmi les commentaires lisibles en temps réel à la publication de la vidéo, l'immense majorité des internautes le félicite. L'un d'eux annonce illico à un ami qu'ils peuvent « laisser tomber la grosse veste » pour de futures courses. Et, discrètement, la colère gronde. Une poignée de détracteurs souligne le manque de respect vis-à-vis des secouristes qui, chaque année, « ramassent » les personnes tentées de faire pareil.

René me rapportera plus tard qu'auprès des guides et des gendarmes, l'opinion générale se résume à ce slogan : « En quinze minutes, Kilian Jornet a ruiné quinze ans de prévention sur les risques de la haute montagne. »

Kilian estime quant à lui que se montrer de cette manière, fidèle à ses habitudes, sans équipement, a permis au message d'être entendu. « Si les gens trouvent ça rigolo, ils écouteront. C'est peut-être plus facile à faire passer comme ça qu'avec tout le matériel sur le dos, qui n'a rien d'excitant. » Il me rappelle que la montagne est un espace de liberté individuelle, mais qu'il faut la connaître autant que soi-même. Comme sportif, il estime avoir la responsabilité d'expliquer, encore et encore, que pour envisager des défis comme les siens, impossibles à relever du jour au lendemain, il est nécessaire d'y passer beaucoup d'années. Un devoir partagé avec les compagnies de guides. « Certes, il faut bien vivre, mais à force de vendre "l'ascension du mont Blanc", il ne faut pas laisser croire aux clients qu'on les forme comme alpinistes… Ne pas vendre seulement "la photo", le sommet que l'on accroche à son CV, mais bien le plaisir et la connaissance de l'activité. »

Lorsque Jornet songe à ces guides dont la vocation n'est pas – du tout – de ne vendre à leurs clients que la photo bravache d'un sommet à accrocher sur sa boutonnière numérique, mais bien de transmettre un savoir, je crois reconnaître quelqu'un. D'ailleurs, Ghilini ? Sont-ils complices ? Kilian : « Quand j'habitais aux Houches, je suis allé plusieurs fois manger chez lui, je l'ai beaucoup croisé en montagne, on a partagé quelques verres. À l'époque, avec l'Anglais Alex McIntyre dans l'Annapurna ou le Polonais Wojciech Kurtyka sur le Dhaulagiri, puis dans les Alpes, ils étaient parmi les premiers à envisager un style alpin difficile en haute altitude, tout en continuant à se marrer. Tu le vois à skis avec ses amis, chercher des cristaux… Cool ! Ce sont des mythes, ils ont ouvert des portes en alpinisme. Et René continue de partager la montagne avec passion. »

Bel hommage d'une génération à l'autre de vagabonds des cimes.

Avant de raccrocher, je lui demande qui l'inspire aujourd'hui. Kilian cite le grimpeur américain Alex Honnold, auteur à trente-deux ans d'une première ascension en solo intégral du *big wall* d'El Capitan (2 307 mètres), dans le Yosemite. Il décrit aussi avec enthousiasme l'un de ses amis qui, à quatre-vingt-trois ans, vient de gravir une face nord, après avoir vaincu celle des Drus à soixante-treize ans !

« Ça motive ! Comme lui, j'espère profiter longtemps de la montagne. Je courrai bien sûr plus doucement. Je courrai jusqu'à ce que je ne puisse plus, puis je vais marcher jusqu'à ce que je ne puisse plus. Et après, il reste la contemplation. Contempler la montagne et les réussites des autres. »

*

Le 25 juin 2017, vainqueur du marathon du mont Blanc en 3 heures 45, Kilian Jornet partagera dans une interview ses observations météo, qui ne me rassureront pas beaucoup : « Des crevasses s'ouvrent comme à la fin du mois d'août, il y a des chutes de pierres sur toutes les faces. Je n'ai jamais vu ça. Ça craint pour l'été à venir. »

31

Pieds louches aux Houches

6 h 30. Au pied de l'escalier, quatre chatons jouent à la baston sur les appareils de musculation de René. Le petit gris boite et n'arrête pas de glisser. Moi aussi je viens jouer avec le matériel de René.

Racines, rochers, vous m'avez manqué. Nous partons à pied de la maison pour rallier l'aiguillette des Houches (2 285 mètres) en direction du col de Bellachat, miaou. Objectif : mille mètres de dénivelé, qui seront mon minimum quotidien, pour développer ma caisse respiratoire et tester mes nouveaux talons aiguilles. Le chemin est beau, bordé de rhododendrons mauves qui friment parmi les herbes folles. Raide, aussi. Plaisir des prises à identifier. Je souffle quand même beaucoup, pour une reprise.

Marcher dans le frais du matin nous permet d'esquiver les chaleurs intenables de cette sale canicule prévue pour durer, selon *Le Dauphiné*. L'aiguillette se présente sans piquer deux heures plus tard, gardée par une marmotte grassouillette qui détale à notre arrivée. Le plat relatif de l'arête, son vert insolent, les glaciers écroulés, me réjouissent d'avoir quitté Paris. Je caresse un cairn de cailloux, j'aperçois la première couche de neige que j'aimerais toucher comme j'ai aimé, en pleine montée, me coucher pour boire à la source. Inondé de pensées bucoliques, je perds la trace de René. Je l'appelle trois fois, rien. Le revoilà. Maître Ghil' demande comment vont mes pieds. Une ampoule est en train de se former au talon droit, idem du côté gauche. Il rouspète, il m'avait encouragé à prendre mes baskets, la douleur est familière et ne me préoccupe pas. Je ne me voyais pas enfiler mes Stan Smith de citadin sur cette route instable. Bien mal m'en a pris.

À la redescente, la tête me tourne tant que je dois m'appuyer contre un arbre, à l'ombre. Je n'ai pris qu'un café et quatre viennoiseries ce matin. Je n'ai pas osé demander davantage. Si j'ai « des réserves naturelles », comme dit René pour me taquiner, je suis un gros mangeur. La saison précédente, l'hôtel de la Croix-Blanche, à Chamonix, proposait au petit déjeuner une *assiette des montagnards* remplie de charcuteries et de fromages de Savoie, que je me sentais obligé d'engloutir dès 7 heures du matin, persuadé que cela m'aiderait à tenir aux Grands Montets ou sur la mer de Glace. Et j'ai tenu !

Une barre énergétique riquiqui suffit cette fois à me requinquer, futur prêcheur des vertus de la frugalité.

À midi pile, nous sommes de retour sur la terrasse de René, après 4 heures 30 de balade. Durée correcte, vitesse appréciable, non, patron ?

– Retire tes chaussures.

Mes talons sont éclairés d'une belle ampoule. Ça ne saigne pas, mais la peau est à vif. René n'est pas content, me trouve un peu crétin, désinfecte la zone en bougonnant et plaque dessus, très soigneusement, un pansement Compeed®. Ce type de sottise pourrait mettre un terme à l'aventure. « Demain, pour la via ferrata, tu prendras mes baskets. » Attendez, quoi ? Une via ferrata ?

Pieds nus sur le carrelage, je fais l'inventaire de mon matériel, identique à celui de l'an passé, à l'exception d'un bâton télescopique rouge plus moderne. Au moment de ranger le tout sur une étagère à l'extérieur de la maison, mon piolet tombe sur mon pied gauche. Je n'ai pas mal, mais ce côté François Perrin des alpages ne me fait plus rire. Témoin muet de la scène, le chaton gris, lui, se cogne le museau contre la porte d'entrée. Bonjour les artistes.

Je réalise soudain que l'empereur fidèle de cette ménagerie manque à l'appel.

Je demande des nouvelles de Quartz, le vieux chien noir. Et les yeux de René se voilent d'un rideau de larmes.

32

L'âge de fer

Toute activité physique qui sort de l'ordinaire est précédée chez moi d'une appréhension : celle de me blesser. Hormis cette côte fêlée lors d'un foot aux Invalides parce qu'un pignouf m'a foncé dessus, je n'ai pourtant rien connu d'accidentel. Aucune maladie grave. Ma constitution est solide et je relève plutôt de l'espèce courante du grand gaillard.

D'où cela vient-il ? Je m'interroge à ce sujet sur la Flégère, colline déboisée qui ne culmine pas beaucoup à 1 894 mètres.

Psychologie de bazar : serait-ce la faute de ma maman, qui m'aime et qui m'a trop protégé ? Comment s'en plaindre ? Mon enfance fut très heureuse. Mais dès que je me penchais sur les rebords, sautais de très haut ou grimpais à l'arrière d'un scooter, ça ne lui plaisait pas. Ce n'était pas interdit, mais je préférais ne pas m'y risquer. Pour éviter qu'elle « stresse » ? Mon père, adepte du plein air, aurait pu m'y pousser, mais idem, je ne veux pas l'en blâmer. Il essaya de partager sa passion de la mécanique (4×4, motocross, Salon de l'auto, F1 à la télé) mais ce n'est pas mon truc (c'est le sien).

Cela doit donc venir de moi.

Ai-je accepté ce défi alpin par volonté de briser mon propre conditionnement ? D'explorer une facette de moi-même, à trente-cinq ans ? Si j'avais été élevé par René à Chamonix – comme Arthur, son fils, skieur pro qui se remet d'une blessure au genou avant d'aller bientôt dévaler des pentes démoniaques au Chili –, aurais-je développé des aptitudes aux sports, une dépendance euphorique à l'adrénaline ?

Mes élucubrations s'interrompent à l'orée de la via ferrata des Evettes, ouverte moins d'un an auparavant, où nous sommes rejoints par Petra. Pour ceux qui l'ignorent, une via ferrata est un itinéraire rythmé d'éléments métalliques (câbles, échelles, rampes) qui facilitent la progression sur les parois. Cela va me permettre aujourd'hui de travailler le cardio et mon équilibre, tout en me familiarisant avec la manipulation des mousquetons.

Sapins, touffes de fleurs brunes, marches de terre, mousse éparpillée sur des blocs rasés de frais, vue plongeante sur le massif. Au début, je panique un peu. Sur cette *voie ferrée* d'initiation où les enfants sont admis, mes mousquetons restent bloqués sous un nœud d'acier que l'étourdi n'a pas vu – paf, un coup de genou dans la paroi me laisse un beau bleu (vert). Je suis vite crevé, puis je pige. Ne faire que le nécessaire, souple et gracieux.

Ce dernier mot retient l'attention de René, comme aux Grands Montets, quand je m'échinais à danser sur la glace en mimant Charlot. Il suffit d'observer le chemin balisé, suivre les barreaux, la corde de fer, pas à pas.

Sur deux cents mètres de dénivelé, certains passages s'appellent le jardin à Michel, la dièdre à Lolo ou la boîte aux lettres (où les gros colis ne passent pas). Au pont des Chamois, j'avance au-dessus de six mètres de silence sur un câble suspendu de vingt mètres, avant un crochet par le pont de Clochette, plus long, plus haut. Je n'ai pas le vertige, mais René me chambre : à chaque moment corsé, je miaulerais des cris « pornographiques ».

Il est vrai que j'allume les vires de quelques « ah ! », « oh ! », « han ! » et « putain ! », mais c'est pour nourrir le canular de notre première rencontre ; suite au kilomètre vertical du Brévent, mon guide réussit à convaincre les clients d'un bar que j'étais un auteur acclamé de *pornars*, des polars pornos. Ceci posé, j'épouse intégralement la paroi de mon corps et faire l'amour à la roche me détend. Je la ressens pleinement. Je ne pense à rien d'autre. L'esprit se repose. Gaffe, toutefois : cédant à ma nature contemplative, je me tape une seconde fois le genou contre la pierre.

« Aujourd'hui, des millions de grimpeurs pratiquent l'escalade en salle et certains vont faire du bloc jusqu'en Afrique du Sud. On en rencontre d'autres dans les parcs accrobranche où ils viennent fêter l'anniversaire de leurs enfants ou participer à un stage avec les cadres de leur entreprise. Ils se suspendent à des échelles, grimpent au-dessus des précipices et sautent dans le vide à partir d'un pont.

En quête de sensations fortes, ces aventuriers des villes veulent tester leur courage et connaître le grand frisson. Ils souhaitent aller à leur limite, mais attention ! sans risque, et à condition d'être assurés en double, sur des via ferrata labellisées et sur des pistes sécurisées. »

Celui qui se paye ouvertement ma gueule et celle de tous les « aventuriers des villes » se nomme Reinhold Messner, premier homme à avoir gravi les quatorze sommets de plus de 8 000 mètres, en avant-propos de son autobiographie[25]. « C'est un grand alpiniste, arrogant et égocentrique, mais authentique et légitime », selon René.

Au début du livre, Messner, ce fringant septuagénaire – qui n'a plus que quatre orteils – offre à ses lecteurs le récit des premiers souvenirs de son enfance. De longues promenades dans le Tyrol, où sa maman lui parle d'ours tués et des vertus curatives de l'eau glacée, et d'une fermière qui crut mourir de peur en voyant deux de ses enfants jouer dans les branches d'un épicéa surplombant une falaise. Messner se reconnaît dans les deux téméraires, mais se trouve saisi de vertige en comprenant le désespoir de la mère, qui n'a pas émis un son, de peur que son cri n'arrache ses enfants à leurs jeux et ne les précipite dans le vide. Conclusion, sage :

25. *Le Sur-vivant.* Traduction : Agnès Couzy (éditions Glénat, 2015).

« Les enfants avaient appris que s'exposer au danger n'était pas forcément un mal en soi, mais que c'était un comportement injuste envers leur mère. »

En redescendant la Flégère, j'invente un adjectif. Se sentir *fléger*, à la fois fatigué et léger.

33

Dans les jarrets de Paccard et Balmat

MONTAGNE DE LA CÔTE. Je cours sous les sapins, car je viens d'apprendre que nous empruntons ce matin une partie du chemin des légendaires Paccard et Balmat, premiers hommes à avoir officiellement vaincu le mont Blanc en 1786.

Paccard : Michel Gabriel, vingt-sept ans, natif de Chamonix, fils de notaire, médecin féru de botanique, aux sourcils noirs et fournis. Balmat : Jacques, vingt-quatre ans, également *Chamouniard*, originaire du hameau prédestiné des « Pèlerins », fils de paysan, chasseur de chamois et de cristaux, plutôt sauvage, aux cheveux blonds et bouclés. Le premier fut guidé par le second, qui trouva la voie d'accès par le dôme du Goûter en survivant à une nuit de bivouac au cœur des glaciers, sans équipement, poussé par la promesse d'une récompense de trente-neuf guinées à celui qui parviendrait au culmen. Leur prouesse a été contée 4 808 fois. En résumé accéléré : ni cordes, ni piolets, ni crampons, deux bâtons bien ferrés ; les yeux rouges, la figure noire, les lèvres bleues ; ni faim ni soif, du sirop, du pain, de l'eau-de-vie ; les avalanches grondaient en roulant comme le tonnerre ; et le pauvre docteur redescendit quasi aveugle… L'essentiel demeure qu'ils arrivèrent le 8 août à 18 h 23 et restèrent trente-quatre minutes au sommet, scrutés à la lunette par leurs compatriotes réunis sur la place du village.

Héros d'un poème signé Victor Hugo, interrogé par Alexandre Dumas au profit d'un long portrait dans lequel cet « être tout aussi extraordinaire que Colomb » s'attribue tout le mérite de cet exploit, « Balmat dit Mont-Blanc » fit au total sept ascensions de ce qu'il appelait la « taupinière », manière cocasse de valoriser sa performance tout en rabaissant l'objet de sa renommée. Hélas, comme s'il avait fallu payer d'un sacrifice aux dieux la profanation de cette cime immaculée, Balmat fut averti au retour que sa fille malade, âgée d'à peine dix jours, s'était éteinte. Le prénom de la défunte me glace le sang : Judith.

Ironie du sort, Balmat tomba à soixante-douze ans dans une crevasse du cirque de Sixt, en cherchant de l'or. Son corps ne fut jamais retrouvé, avalé par le massif.

Paccard fut, jusqu'à sa mort à soixante-dix ans, écarté du concert de louanges de cet événement qui résonna dans toute l'Europe.

– Tu as un fond solide, me félicite René sur le ton de l'évidence, aux abords du chalet des Pyramides.

Force est de constater que je pharaonne en tête depuis deux heures, cavalant d'un pas sûr et leste sur les lacets de la forêt et le long de la langue du glacier des Bossons. En baskets. « Un jarret du diable et un estomac d'enfer », capable « de marcher trois jours de suite sans manger », disait Balmat de lui-même pour résumer ses atouts. Le mot jarret décuple mon appétit de petit-fils de charcutier, autant que mon élan. Mais, flûte, je marche « en accordéon », souffle le Piémontais.

– Tu accélères, tu ralentis, tu accélères, tu ralentis. L'idéal serait d'évoluer à puissance constante.

Façon Yvette Horner, je continue de m'étirer sur les marches de pierre en me demandant pourquoi les habitants des Alpes ont attendu le XVIIIe siècle pour escalader ce « farceur » (le mot est encore de Balmat) qui les nargue depuis l'aube de l'humanité. Et si Jacques et Michel n'avaient pas défloré la montagne maudite ?

L'histoire de l'alpinisme sort de la cuisse des cristalliers. Pour les paysans locaux, la seule raison valable de risquer sa vie si haut, c'est l'attrait de ces trésors naturels qui les feraient sortir de l'ornière de la misère. Pour des pierres précieuses, qui ont toujours été là. Le bruit a dû courir. Quelqu'un serait-il arrivé avant eux ? La bosse nous aurait-elle roulés ? En me dépassant à cet instant, René esquisse un projet séduisant :

– Tu devrais écrire un roman sur le vrai premier mec parvenu tout en haut du mont Blanc : sûrement un chasseur-cueilleur de l'époque romaine, lorsqu'il n'y avait pas de glace au sommet. Ce serait iconoclaste !

Mais oui ! Ce champion évanoui dans les brouillards de l'Histoire pourrait être celte, allobroge, salasse ou ceutron, issu des tribus qui peuplaient la région quand ces hauteurs étaient nappées de pâturages. Lui offrir une biographie serait un beau défi. J'aimerais aussi remettre la main sur le chapeau de Paccard, feutre envolé « d'un coup d'air violent » du côté de Courmayeur…

Nous voici soudain victimes d'une attaque de brume qui remonte à toute vitesse de la vallée, jamais vu ça, m'habillant au passage d'un costume de nuages. En brume, j'ai des lacunes. Avoir la tête dans les nuages n'est-il pas déconseillé quand on souhaite transporter sa tête dans les nuages ? Éclaboussé par ce paradoxe vaporeux, je trace pour rattraper l'hydrométéore, que je laisse filer au pied d'un énorme rocher moussu sur lequel est écrit « DANGER » à côté d'un crâne peint en rouge.

René nous encorde et nous avançons sur le Bec du Corbeau, petit pic vert dont la crête maltraite immédiatement l'enthousiasme pour ainsi dire volatil de cette matinée ; à plusieurs reprises, j'hésite un peu trop sur le pas d'après, j'ai peur de ne pas retomber sur mes pieds, de louper la prise, de nous faire basculer. En outre, la transpiration de mon front coule au coin de mes paupières et le sel me pique les yeux, je n'y vois que d'un œil ; je frotte l'autre, j'essaie d'éponger mes larmes avec un mouchoir, mais ça ne passe pas tout de suite et je patine entre-temps, gauche et lent. Mon maître n'y comprend rien, je suis déçu de le décevoir. Nous ne repasserons pas par le Bec au retour, qui m'effraie. Nous arrivons pourtant au terminus de l'épreuve sans nourrir les corbeaux. Le panneau annonçait 4 heures 45, nous sommes montés en 3 heures.

– Voici la Jonction, 2 589 mètres. Point de rencontre, donc, entre le glacier des Bossons et celui de Taconnaz. Dans les années quatre-vingt, ils étaient connectés et n'en formaient qu'un seul. Et devant nous, se trouvent le refuge des Grands Mulets et la suite de l'itinéraire historique d'ascension, devenu trop problématique à cause des chutes de séracs.

Hémorragie de glaçons gris, dégueulis de blancheur anarchique, vague figée d'éclairs pétrifiés à l'envers, comme si on avait éviscéré l'un des géants de givre de la cosmogonie scandinave. Je m'étends sur un rocher pour grignoter, au soleil de ce tableau spectaculaire.

– On redescend tranquille, ma grosse loutre ?

Sifflements approbateurs de celui qui est désigné sous les traits de ce charmant mammifère piscivore à moustaches rigides. Soixante mètres plus bas, une plaque en bois commémore « le gîte à Balmat », cet abri naturel de granit où Paccard et lui ont dormi avant de poursuivre leur grande vadrouille, où le cristallier enveloppa le toubib de sa couverture « comme on emmaillote un enfant », où je ramasse un talisman.

Un caillou noir, que je garderai sur moi jusqu'à la fin de l'écriture de cet ouvrage.

34

Assy debout

La première couche de peau a fondu, dévoilant une chair un peu cramée proche d'une bonne tranche de bacon ; je ne saigne pas, mais il ne faudrait pas beaucoup insister pour qu'une plaie s'ouvre sur mes talons. Mon podologue maison me ramène illico au magasin et demande des souliers « moins rigides, moins techniques ». Plus souples, mais moins chauds. « Ça va, on te mettra des surbottes en nylon. » Sûr ? « Et si tu gèles des pieds, pas grave : le mont Blanc, tu n'iras qu'une fois. » Ah ?

Je repars avec des chaussures allemandes, poids plume, mélange de daim et de goretex, confort, idéales pour les via ferrata, les treks longue durée, l'escalade et les cailloux. Donc inadaptées à l'altitude. Pas le choix : quand le froid me chatouillera les orteils, je paierai le prix de mon erreur initiale sous l'aiguillette des Houches.

En fin d'après-midi, j'inaugure ces pantoufles au plateau d'Assy, où l'écrivain français René Daumal lutta contre la tuberculose qui lui sera fatale en 1944. Mon René, bien vivant, ne sait pas que je planque au fond de mon sac un exemplaire corné du *Mont Analogue*, bref roman d'aventures alpines *non euclidiennes et symboliquement authentiques*, écrit en partie ici, malheureusement inachevé en raison du *haut mal* qui frappait Daumal. Posthume et surréaliste, son dernier livre raconte la recherche d'une montagne susceptible de relier la terre au ciel et les hommes au divin, mythique car inaccessible, sommet d'une île du Pacifique sud invisible au commun des mortels mais qu'une poignée d'excentriques entend retrouver. L'histoire s'interrompt brutalement, au pied du mont Analogue, au milieu d'une phrase déplorant l'extinction d'une variété de guêpes par la faute du narrateur. Ces guêpes butinaient des plantes qui jouaient « un grand rôle dans la fixation des terrains mouvants ». Sans ces plantes, la pente ressemble désormais à une version excessivement chaotique de la Jonction. Toute ascension est impossible.

Fin ?

Non, car Daumal avait prévu deux chapitres supplémentaires, dont un septième où l'auteur comptait s'adresser directement au lecteur. Subsistent ces notes : « Et vous alors ? Que cherchez-vous ? »

En m'engageant sur la via ferrata de Curalla au plateau d'Assy, je cherche les chapitres manquants du *Mont Analogue*. Entre Petra et René, serrant mon baudrier auquel sont accrochés longe et mousquetons, je gravis les premiers barreaux verticaux en songeant qu'un romancier tuberculeux, se sachant condamné, cofondateur d'un mouvement baptisé Le Grand Jeu, pourrait tout à fait avoir eu l'idée de cacher dix feuillets manuscrits dans l'ombre fraîche de cette barre calcaire, sous une pierre. Sur 180 mètres de dénivelé, je guette dans les interstices l'apparition d'une vieille bouteille dans laquelle serait enroulé le trésor, une sacoche pendue à une branche, la pulpe de papiers jaunis et gondolés par les intempéries.

« Les chaussures, ce n'est pas comme les pieds : on n'est pas né avec. On peut donc les choisir. Très vite, tu seras si bien accoutumé à tes souliers que chaque clou te sera comme un doigt, capable de tâter le roc et de s'y agripper. Ta vie dépend un peu de tes souliers. Soigne-les », suggère Daumal dans un traité d'alpinisme antérieur au livre culte.

Grâce à mes nouvelles chaussures-doigts, je progresse comme un ninja sur la voie verticale, relié à la ligne de vie, câble qui m'autorise à tâter le roc avec vingt étages de vide sous les coussinets, sans sourciller. Petra, enceinte, bâille d'ennui devant la facilité du parcours, tandis que René improvise dans sa langue natale une sérénade sur la beauté des mollets de sa compagne. Je n'ai pas peur, mais ce serait mentir que d'écrire que ces subtilités minérales me laissent de marbre ; deux fois, je reste interloqué, en équilibre précaire sur mes arpions nerveux, sans d'emblée comprendre le chemin, courbé sur le rocher, sept à huit minutes, appelant à l'aide les pâquerettes, refusant de me tenir droit malgré les protestations de Ghilini qui me ressert l'analogie du trottoir parisien. Je m'en tire mieux sur les poutres étroites, puis sur le pont-aux-singes, fildefériste bien balancé au-dessus d'une mer de conifères effilés. D'abord à reculons, j'accepte la contorsion qui m'oblige, sous un nez de montagne en « v », à me plier façon limbo caribéen, que je ne pratique d'ordinaire qu'à minuit, arrangé au ti-punch.

Devant tant d'efforts pour enrayer ma gaucherie, Petra se dit épatée par ma « volonté de fer » – de ferrata, Madame, de ferrata – et René rétorque que ça ne fait pas tout : un jour, l'un de ses amis, pourtant rompu aux exigences de la grimpette, s'est immobilisé sur une paroi. Pétrifié. Incapable d'avancer d'un centimètre dans un passage qui n'avait rien d'insurmontable, où il n'était cependant plus question de faire demi-tour. René a tout essayé : conseils, encouragements, blagues et insultes, enrobés de patience, pour dédramatiser. Rien à faire. Se déplacer d'un cil dans la direction souhaitée amplifiait la panique du paralysé. Après deux heures d'attente, au terme d'une manipulation lourde et complexe, il l'a pris sur son dos.

Plaine superbe au crépuscule. En sortant de la via, mon regard est détourné par un rayon de soleil couchant qui paraît se refléter dans un buisson. Cette lueur brève mais régulière m'attire sous des arbres que je n'ai jamais vus dans la région, qui dégagent une très forte odeur de résine et de champignons. Le vent se lève et réveille le bois. Le frottement naturel des feuilles entre elles, que je prends le temps d'observer, compose une musique élégiaque qui finit par me mettre mal à l'aise. Venue du fond de la forêt, l'émouvante harmonie arboricole se transforme peu à peu en épouvantable chorale de voix humaines, entonnant des paroles à la limite de l'intelligible – *Si tu…* – qui m'incitent à rebrousser chemin pour rejoindre René et Petra – *es fatigué…* – mais je bute sur une racine – *tes pieds…* – qui se révèle être en réalité le coin saillant d'un coffre de cuivre que je déterre en toute hâte – *savent te tenir tête.*

À l'intérieur, plusieurs cahiers moisis se délitent dès que je les touche. Je trouve aussi un amas de pages noircies, reliées par une corde de chanvre, rédigées d'une écriture claire. Mais le premier fragment que je déchiffre… me force à prendre mes jambes à mon cou.

*

Au retour, nous passons en voiture devant les sanatoriums du plateau d'Assy – « usines à cadavres » selon Daumal. René raconte qu'en 1976, le réalisateur de *La Meilleure Façon de marcher*, Claude Miller, tourne dans les parages *Dites-lui que je l'aime*, drame romantique adapté d'un roman de Patricia Highsmith. En haut de l'affiche, dans le rôle d'un comptable fou amoureux de sa meilleure amie : Gérard Depardieu, Dionysos mastoc post-*Valseuses*, descendu de l'Olympe des jouisseurs insatiables, sur lequel le jeunot Ghilini, dix-neuf ans, doit veiller coûte que coûte. « Garde du corps, garde-fou, les frontières étaient floues. J'avais été embauché pour qu'il soit prêt à jouer tous les matins à 7 heures. »

Or, un soir, Gégé l'imprévisible rencontre une demoiselle, pâlotte mais ravissante, avec laquelle il est résolument décidé à passer la nuit. Si besoin, dans le sanatorium où la courtisée soigne sa tuberculose. Sous les fenêtres, René attend, attend… L'ogre blond revient, livide, convaincu d'être infecté – à raison, je suppose : s'exposer ne serait-ce qu'à la toux d'un(e) malade peut suffire, mais les symptômes ne se développent que dans 5 à 10 % des cas. Ce matin-là, Depardieu ne s'est pas présenté sur le tournage. « Il est rentré à Paris, pour une batterie de tests. »

Moi, je reste.

35

Tortue Géniale à l'école de la glace

La nuit s'apprête à tomber. Il ramasse une pierre sur laquelle il écrit « tortue » au feutre noir. Puis, au mépris des éboulements et des randonneurs en contrebas, jette la pierre très loin. Le dîner ne sera servi qu'à celui qui retrouvera la pierre en moins d'une demi-heure, malgré les tigres à dents de sabre et les tricératops qui peuplent la forêt.

Dès l'aube, il veille à ce que ses élèves livrent le lait à tous les habitants du village, en courant, sans oublier la chapelle d'un moine qui vit tout en haut d'un escalier escarpé, en traversant des rivières avec les bouteilles au-dessus de la tête, parfois en équilibre sur un tronc reliant deux collines.

En milieu de matinée, il ordonne de labourer un champ à mains nues, sans outils. Après le déjeuner, il a prévu lecture et méditation du livre des grands maîtres, suivies d'une sieste. L'après-midi est dévolu à des travaux publics gratuits au service de la municipalité, qui consistent principalement à creuser, avant de transporter à la brouette, des pelletées de terre. Exercice complété en fin de journée par 1) dix allers-retours à la nage dans un lac infesté de requins 2) une heure sous un nid d'abeilles, attaché à un arbre, pour s'entraîner à éviter les piqûres. Et rebelote, tous les jours, pendant cinq mois. Avec sur le dos, dès le deuxième jour, une carapace de vingt kilos, puis de quarante kilos. Comme lui.

Objectif : « maîtriser son corps », dans l'espoir d'être apte à acquérir les techniques nécessaires pour concourir au championnat du monde des arts martiaux.

En relisant *L'Initiation*, tome III de la saga manga *Dragon Ball* d'Akira Toriyama, je réalise que l'entraînement de René Ghilini aurait pu être autrement plus coton. Le personnage du maître, le savoureux Tortue Géniale, vieillard immortel retiré en ermite sur un îlot minuscule qui n'abrite que sa maison rose, présente quelques similitudes avec mon cher *sensei*. En vrac et dans le désordre : force, sagesse et résistance surnaturelles, humour malicieux, calvitie prononcée, palmarès légendaire, port quotidien de lunettes de soleil, intérêt manifeste pour la gent féminine (sur ce point, Tortue Géniale l'emporte haut la main, passionné par les magazines érotiques, les émissions de fitness et les petites culottes), habitat éloigné de la ville, goût spontané pour le textile oriental (une minute avant notre rencontre, René n'était-il pas, selon ses dires, en « déshabillé japonais » ?) et surtout philosophie de l'enseignement généreuse, précise, exigeante, bienveillante, mais économe en paroles.

Qui cadre, qui explique, qui reste à proximité, mais qui laisse l'apprenti comprendre par lui-même, seul et en silence. Comme les parents de Kilian Jornet qui, à chaque ascension, laissaient leurs enfants découvrir le chemin par eux-mêmes, « en chercher la signalétique ».

Se figurer le maître, immobile en tailleur au sommet d'une dalle, les yeux rivés sur son disciple, n'ouvrant la bouche que pour corriger, d'un mot unique, une attitude, un geste, une erreur. Pousser à l'épure. Et parfois féliciter, d'un hochement de tête.

René fut comme ça, souvent. Et cette approche fut décisive. Je m'en rends compte en chaussant mes crampons pour la rentrée des glaces, face au proviseur qui compte me faire bosser mon équilibre. Redoublement à dos de serpent, sur la mer de Glace.

Devant un mur gelé qui mesure le triple de ma taille, il me presse de grimper à l'aide du piolet et de mes pattes de fer. Au début, il est en surplomb sur le rebord et la corde nous relie. Au troisième essai, perché sur l'excroissance métallique de mes orteils, retenu par ma griffe d'acier, je monte sans filet, corde dénouée. Le maître dit : « Plante les crampons d'un coup sec et droit dans la paroi. Sec et droit. Tu ne peux pas tomber. » Soixante-douze heures auparavant, ici même pourtant, sur ce terrain glissant, un homme s'est enfoncé le piolet dans le thorax en chutant ; sérieusement blessé, ses jours ne sont plus en danger.

Au sixième aller-retour, Tortue Ghilini devient génialement drôle. Je dois cette fois descendre dos au mur, droit devant moi, en défiant la pesanteur à chaque respiration. La manœuvre m'a d'abord l'air ingérable : la pente est à 70°, j'ai toutes les chances de me casser la margoulette en trois secondes chrono. Mais il estime que, non, la pente est à 45°, « C'est faisable ». J'admets mes faiblesses en géométrie, j'hésite puis je me lance, de nouveau encordé. Rappel des bases : marcher en canard, 10 h 10, équilibre, droit dans l'axe de mes bottes, bâton et piolet comme des cannes. Si je glisse, je ne glisserai pas longtemps, j'ai un casque et le sac en amortisseur – reste hypothèse du piolet planté dans le thorax ou le genou, mais on ne peut pas toujours penser au pire, au détail qui mène à la catastrophe. Go.

Catastrophe. J'ai l'impression d'être aussi lourd que Depardieu en fin de banquet, mais doté des capacités musculaires d'une jeune tuberculeuse. Je vais tomber, c'est sûr, je vais tomber dans 7, 6, 5… Alerte rouge : poings serrés à hurler, biceps épileptiques, mâchoire de pitbull, cuisses et abdominaux tendus au max, cou raide comme la justice nord-coréenne, trapèzes refusant d'être traités comme des employés de cirque, plexus solaire frôlant l'éclipse, effondrement prévu dans 4, 3, 2… À chaque pas, les crampons percent la glace avec la fureur d'un Cosaque, mais je vibre de tout mon être pour ne pas lâcher, je gueule des obscénités, toute l'horreur de cette entreprise déraisonnable se tient là, quasi : suis-je capable de rester debout sur une pente gelée, de résister corporellement à l'une des forces fondamentales qui régissent l'univers, la gravité, de lui tirer la langue, de claquer la pomme de Newton, d'être le monstre d'Einstein ? Oui. Brièvement, mais oui. Un incendie dévaste mes muscles, mais je rejoins l'horizontalité glacée.

– Remonte.

J'obtempère, essoufflé. Coups de cutter dans le ventre de la muraille. Hissez haut. Je roule aux pieds de René, qui affiche un masque impassible. Redescente derechef, guère plus vaillante, culbuto pétochard, certain de vaciller, bassin miné, poitrine bombée de body-builder en carton, tibias en fusion sur qui tout repose, mais qui ne craqueront pas, et quand l'un des crampons grippe et se dévisse une seconde avant l'autre, panique renouvelée de la cheville foulée, suée qui crée de la buée sur mes lunettes, je défile flou sur ce podium de fous. Je ne me fie qu'à mon intuition, chancelant sur ce reptile congelé en voie de disparition, sur la queue écaillée de l'aspic alpin. Malabar princier. Deuxième atterrissage sans crash.

– Trop crispé. Remonte.

Huit fois de suite. Pour les trois dernières, il a dénoué la corde. Par la répétition, j'ai saisi les enjeux techniques de ce yo-yo : se sentir soi, en place, avant de ressentir la pente ; (tenter de) cesser d'avoir la frousse à chaque inclinaison ; simplifier, danser, s'amuser ; comme dans tous les sports, maîtriser son corps, tel que le soufflait Toriyama via son vieux *kung-fu master* de papier. Ce qui ne m'a pas empêché de valdinguer, à deux reprises, à dix pas du plat, trop confiant, en éclatant de rire. Au ras du sol, j'entends une voix qui n'est pas celle de René.

– Mais avance, espèce de gros lourdaud ! Il va t'arriver quoi ? J'ai pas que ça à foutre, moi ! On va vraiment y passer la journée ? Qu'est-ce que tu comprends pas ? Je te l'ai répété quarante fois ! Christiane, c'est ça, l'homme de tes rêves ? Un demeuré pareil ? Regarde-moi ça ! Et ça veut faire le mont Blanc ? Fais pas ta chochotte !

À trente mètres de nous, sur la même rive, un guide assermenté d'une cinquantaine d'années encadre un couple d'amateurs qui s'échine depuis une heure sur une série d'exercices semblables aux miens, avec en bonus cette difficulté : supporter les vannes et les moqueries du professeur, délivrant ses leçons par l'usage soutenu de la provocation. S'il avait été mon mentor, l'aventure aurait tourné court. Question de tempérament. Ses clients, eux, n'en paraissent pas contrariés le moins du monde.

On peut donc dire, surtout après cette gamelle : je suis bien tombé.

*

Au retour, Maître Ghilini esquive les trois quarts des échelles de la mer de Glace pour m'en faire gravir les abords à pied, en zig-zag jusqu'au Montenvers. En perfectionnant encore et toujours la marche dite

« du trottoir parisien », j'apprends sur ces corniches une information capitale : nous ne serons pas deux mais quatre, sur la voie royale.

Son très cher ami et confrère Jean-Franck Charlet a décidé d'emmener au mont Blanc une avocate lyonnaise prénommée Charline, un peu plus jeune que moi. Elle sera parmi nous à la fin de la semaine et n'aura que deux jours pour s'entraîner, ce qui m'épate ; elle s'est visiblement beaucoup préparée. Nos cordées se suivront. Ascension : J -5 ? *Certo*, si la météo continue de s'améliorer et la vallée de refroidir, si mes progrès restent constants et si je ne m'empale pas sur une aiguille en Italie, notre prochaine destination. *Non vedo l'ora !*

36

Christophe Profit : « Animal »

L'HÔTEL DU MONTENVERS expose dans ses escaliers des photos sensationnelles des héros et héroïnes du massif, en pleine action. Parmi eux, Christophe Profit détient pour l'éternité cette première mondiale : l'escalade du Petit Dru en solo intégral, c'est-à-dire seul et sans équipement aucun, en n'utilisant que les prises du rocher, un sachet de magnésie pour garder les doigts secs et un mental en béton armé pour monter jusqu'à 3 730 mètres – dont 1 000 qui ne sont que pure verticalité – par la voie directe dite « américaine », en 1982.

Considéré comme l'une des « Formule 1 de l'alpinisme », il a vaincu dix fois la redoutée face nord de l'Eiger, souvent en solitaire. Ouvert la voie de l'arête nord-ouest du K2 avec Pierre Béghin. « Ébloui » un futur champion, Kilian Jornet, en se montrant capable d'enchaîner trois sommets d'affilée sur des durées extrêmement réduites.

Trois heures après notre retour de la mer de Glace, Profit, cinquante-six ans, débarque à l'improviste chez René. En voisin. En ami aussi, avec lequel il connut les rigueurs d'une expédition dans la cordillère des Andes. En collègue enfin, membre de la compagnie des guides de Chamonix depuis 1986, qui ne rechigne pas (trop) à balader ses clients au mont Blanc ; plutôt par l'itinéraire des trois monts, ou par la voie normale mais le soir, après la foule, au coucher du soleil.

Au pied levé, je questionne cet authentique Spider-Man sur une notion qui intrigue tous ceux qui le rencontrent : le danger.

Une trentaine d'années auparavant, avec un copain, il a voulu se frotter à la face nord des Droites (4 000 mètres, tout rond), l'une des plus raides des Alpes. Partis des Grands Montets pour rallier le refuge d'Argentière sur un terrain glaciaire, ils sont équipés, cordes, pitons, mais ne s'encordent pas. Jeunes et insouciants, ils n'en sentent pas l'utilité. Christophe part devant et tombe dans une crevasse, sur trente mètres. Chance inouïe : il n'a strictement rien. Son ami lui lance la corde, il remonte et ils atteignent le refuge. Mais la cascade le marque au fer blanc. Il n'a pas assez analysé l'endroit et la situation.

Désormais, face au danger, une lumière s'allume en lui. Il part souvent en montagne seul, sans téléphone et parfois sans baudrier. Pour stimuler sa vigilance, il faut se transformer en animal. Le chamois, quand il court, sent les courbes du massif de manière instinctive. Aux abois,

Christophe se dit attentif au moindre bruit, il s'immerge complètement dans la montagne pour éviter l'accident fatal, en étudiant le relief et la moindre variation des couleurs de la neige. La montagne est une partition. « On ne peut pas jouer n'importe quoi, affirme-t-il, il y a des notes. » Et l'être humain serait totalement réceptif à cette musique quand il n'a plus aucune autre sécurité que celle de ses cinq sens.

Profit a un grand respect pour les anciens, ces pionniers qui ouvraient des voies sans baudrier, sans casque. Quand il s'engage, il a une pensée pour eux : Anderl Heckmair, Walter Bonatti, René Desmaison… Ces mythes lui fournissent une énergie colossale. Le carburant de la Formule 1. « Heckmair sur la face nord de l'Eiger en 1938 avec son chapeau de feutre, c'est exceptionnel ! » Quand il doute, il se remémore les glorieux aînés, se botte les fesses et s'élance. Sa ferveur est belle à voir, lorsqu'il songe à l'équipement rustique de ceux qui, deux siècles auparavant, se rendaient au mont Blanc par la Jonction, comme ces femmes en robe avec, sur les chaussures, de petits bouts de ferraille en guise de crampons. L'équipement actuel est fabuleux, concède-t-il, mais « ce qui nous permet de survivre, c'est le bon sens, la prudence et l'instinct animal. Le plaisir, aussi : quelqu'un qui grimpe comme un fonctionnaire est déjà en danger. Le plaisir te préserve, augmente ta sensibilité. Le plaisir, qui naît de la liberté. »

L'homme-chamois s'en retourne dans les bois. Et moi, quel animal suis-je ? Scorpion, coq, d'après les astres ? Taupe, vu ma vue ? Poule mouillée, quand je me revois détalant comme un lapin en me croyant poursuivi par une meute de chiens dans un parc naturel québécois ? Poussin bleu, selon le surnom affectueux que me donnait ma mère, quand j'étais môme, premier fils de mon poulet de père ? Singe bleu, en souvenir d'une brève et lointaine amante brésilienne, férue du calendrier maya ?

Je suis René, du verbe suivre, le condor français.

37

La trahison de Victor Frankenstein

« IL PLEUVAIT À TORRENTS et un épais brouillard cachait le sommet des montagnes, de sorte que je ne pouvais même pas voir le visage de ces puissantes amies. Je voulais néanmoins transpercer leur voile embrumé et partir à leur recherche dans leur retraite nuageuse. Que m'importaient pluie et orage ? On amena mon mulet à la porte et je résolus de grimper jusqu'au sommet du Montenvers[26]. »

Bulletin météo signé Victor Frankenstein, pâle étudiant suisse en « philosophie naturelle », dépassé par ses expériences sur les trépassés. Sa créature a causé la mort de deux personnes, dont son frère, mais il ne peut parler à personne de cet assemblage prométhéen d'os volés dans des charniers ou des tombes humides et *imbénies*, pour lequel il a torturé des animaux. On le comprend, il a besoin de prendre l'air. Moi aussi. Des trombes

26. *Frankenstein ou le Prométhée moderne,* Mary Shelley. Traduction : Alain Morvan (éditions Gallimard).

d'eau bastonnent le chalet depuis trois jours, limitant nos sorties. Je crains de mollir, je réclame un effort. Départ pour l'aiguille de l'M, 2 844 mètres, proche du Montenvers, vers lequel nous filons sans prendre le train.

« La montée est très escarpée, mais le sentier a été percé d'un bout à l'autre en courts lacets qui permettent de venir à bout de la perpendicularité de la montagne. C'est un paysage dont la désolation fait peur. En mille endroits se remarquent les traces de l'avalanche hivernale : le sol est jonché d'arbres brisés, certains entièrement détruits, d'autres tordus. Les sapins ne sont ni élevés ni luxuriants, mais de couleur sombre : ils ajoutent ainsi un air de sévérité à ce paysage. »

Sévère. Si je me fie au célèbre roman gothique paru en 1818, le décor n'a pas changé. Par temps clair, Ghilini trouve ces hauteurs « idylliques » au point d'en faire le lieu privilégié de ses pique-niques. À mi-parcours, nous sommes surpris par la pluie qui rend glissants roches et lichens. Cette même pluie qui, en juillet 1816, ruine les vacances de l'Anglaise Mary Wollstonecraft Godwin, dix-huit ans, recluse dans une villa des bords du lac Léman avec son futur mari Percy Shelley, sa demi-sœur Claire et le compagnon de celle-ci, Lord Byron. Lequel poète propose un jeu, pour tuer l'ennui d'une soirée orageuse : écrire une histoire de fantômes. Celle de Mary sera la seule à être achevée, marquée par ses lectures de Goethe ou de Plutarque, sa connaissance des travaux de Darwin et par une excursion capitale sur la mer de Glace.

C'est là que Shelley situe les retrouvailles du savant et du « cadavre démoniaque » auquel il a donné la vie. D'une stupéfiante intelligence, mais haïe de tous en raison de son apparence, la créature sans nom, qui n'aspire qu'à être douce et docile, bienveillante, à « rayonner d'amour et d'humanité », n'a qu'une requête : que son dieu idiot lui fabrique une femelle « aussi hideuse que lui », pour partager sa condition. S'il y consent, le couple de monstres s'en ira mener « une vie d'innocence » dans « les immenses régions incultes de l'Amérique du Sud », coupé du monde, nourri « de glands et de baies » et dormant « dans des lits de feuilles sèches ». Le petit chimiste promet, mais ne respectera pas son serment. La créature répandra alors la destruction.

Victor Frankenstein est lamentable. Défiant les lois naturelles, il a fui sa terrorisante progéniture dès les premières heures, père absent, scientifique indigne. Producteur de chaos, il n'a même pas le panache des salauds. Il sème la mort, mais refuse d'en assumer les conséquences. Deux cents ans après, la mer de Glace s'étiole à chaque seconde, comme tous les glaciers du massif. Nous vivons dans le monde de Victor Frankenstein et du progrès aveugle professé par ses héritiers, promus capitaines d'industries, bouffis de mépris pour la planète. Sa décision fut notre malédiction.

Et s'il avait tenu sa promesse ? S'il avait concocté dans les marmites putrides de son laboratoire de l'immoral une ignominie féminine ? Si la créature aux yeux jaunes et sa compagne s'étaient carapatées dans la pampa, à distance admirable de la civilisation ? Si, un matin blême, tous deux avaient fini par être découverts par une équipe de télévision, filmés au réveil, enlacés dans leur lit douillet de feuilles ? Tels deux yétis aux longs cheveux de jais ? Et si cette nouvelle avait fait grand bruit ? Et si les travaux de Victor Frankenstein, d'abord attaqués, avant d'être applaudis, étaient entrés à l'académie ? Prolongés, poursuivis ? Et si nous avions grandi avec l'idée de cette présence des dieux de la mort, doux et dociles, bienveillants, à nos côtés ? L'idée que même la mort a une fin ? L'idée de la mort surmontable, non plus indépassable ? Comme l'étaient jadis les cimes de l'Everest ? L'idée que la mort serait de l'histoire ancienne ? Que les morts vivent ? Avec nous ? Aimables ?

Si Frankenstein avait tenu parole, si la mort n'était qu'une étape comme une nuit en refuge, je n'aurais jamais eu peur d'entreprendre – et donc, n'aurais jamais entrepris – cette aventure. La peur dit tout.

38

Highway to Helbronner

SUR LE PARKING de gravier qui précède l'entrée du tunnel du mont Blanc, René m'explique que le 24 mars 1999, peu avant 11 heures, en ce matin de cendres au cours duquel un incendie coûta la vie à trente-neuf personnes, il avait prévu d'emprunter cette voie souterraine ; mais découragé par l'embouteillage qui se formait au péage, il avait préféré, pas pressé, retourner à Chamonix pour commander un café.

Arrivée véhiculée de Jean-Franck Charlet et de sa mystérieuse cliente, qui seront nos compagnons pour cette virée en Italie, à l'assaut de la pointe Helbronner (3 462 mètres). Dernière étape avant le saut en hauteur. Car c'est signé : dans quarante-huit heures, selon les prévisions, la météo sera optimale et nous irons tous les quatre au mont Blanc. Les pluies maryshelleysques ont défiguré la canicule et aucune chute de pierres n'est à déplorer ; cela pourrait revenir vite, mais là, l'intervalle est idéal. René parle d'une excellente « fenêtre de tir », comme si j'étais sur le point d'être catapulté au sommet depuis les Houches ou largué de la soute d'un B-52. Mission transalpine du jour : « continuer de fabriquer des globules » en suant sur le glacier, puis passer une nuit en altitude, afin d'acclimater encore le cerveau, le cœur et les poumons au manque d'oxygène.

Le 4×4 de René restera côté français. Nous grimpons dans celui de Jean-Franck, qui franchit la barrière du tunnel. Onze kilomètres de galerie me poussent à creuser ma curiosité pour Charline Bedded-Garnier, vingt-neuf ans, avocate en droit des affaires, de l'immobilier, de la famille et de la santé, ayant troqué la robe noire pour une parka bleue. Lyonnaise d'adoption, elle s'est levée à l'aube pour attraper un train et être au rendez-vous de ce défi personnel, qui entend marquer d'une très grosse pierre blanche le passage du cap symbolique de la trentaine – son anniversaire est dans trois semaines. Issu d'une tribu de passionnés de montagne de Bourg-Saint-Maurice (Savoie), ce petit gabarit, qui comme moi porte d'indispensables lunettes de vue, cache bien son jeu. Au sujet de sa formation, elle dira d'abord qu'elle n'a jamais pratiqué l'alpinisme ni chaussé de crampons. Je refuse d'y croire. J'ai à moitié raison.

Cela fait deux ans que cette pétillante acharnée dévoue chaque week-end deux à six heures à son entraînement. Dans sa vallée natale de la Tarentaise, à skis, en raquettes ou pour une simple randonnée, seule ou avec des amis. Puis « en mettant les bouchées doubles » pour quatre jours en solitaire sous le point culminant de la Vanoise, la Grande Casse (3 855 mètres), en refuge, complétés par trois randos, en solo à nouveau, en direction du Buet (« le mont Blanc des Dames », 3 096 mètres), du chalet de Loriaz ou de l'aiguillette des Houches. Avec de surcroît, comme si ça ne suffisait pas, du sport les jours ouvrés. Piscine après le boulot, gainage sur tapis dans sa chambre.

Je repense à mes guignoleries sur la tour Eiffel, à mes deux heures par semaine sur l'escalier de la rue Edgar Allan Poe, à toutes les bières que j'ai descendues pour panser ces remontées douloureuses, ces courses molles, ces footings faibles, pendant six mois. Au royaume des amateurs, cette fille est mon yang. Parviendrons-nous de concert au sommet ? Suspense.

*

« C'est l'hiver ! » s'exclame René tandis que je ferme la marche de notre caravane lancée sur les vastes étendues dodelinantes et enneigées du glacier du Géant. Ce 30 juin ressemble à février, nous pataugeons dans la poudreuse parfois jusqu'aux genoux et le vent violente ma conception de la *dolce vita*. L'été en Italie ? Bonnet, gants épais à manchettes, surbottes et crampons, polaire, pull et coupe-vent vert fluo avec capuche à visière zippé jusqu'au pif : on joue très serré pour ne pas laisser le froid s'infiltrer. Il a neigé bas la nuit dernière, sur ces reliefs maintenant aussi crémeux qu'un *latte macchiato*. Au bout d'une heure passablement ensoleillée, nous dépassons Jean-Franck, qui a dû s'arrêter : Charline a des nausées. L'effort est lourd à digérer. Elle vient de prendre, des rives du Rhône, plus de trois mille mètres d'altitude en quelques heures. Peut-être serait-il plus sage pour eux de rentrer.

Avec l'enfant du pays, nous continuons l'exploration de cette plaine virginale où nous sommes étrangement seuls. Renato redoute la présence de crevasses. Il allonge alors la corde et part en éclaireur à une dizaine de mètres, en me conseillant de la maintenir tendue. Une vague de brume s'interpose entre nous, je ne le vois plus, mais la piste est facile à suivre. Ce grand flou, si pur, si imposant, dénué de touristes, libère mon imagination. Je me superpose aux deux aventuriers britanniques de *L'Homme qui voulait être roi*, qui, partis d'Inde, découvrent par accident, dans le périlleux blizzard montagnard de la passe de Khyber, quelque part entre Kaboul et Peshawar, l'entrée vers une contrée interdite ; l'adaptation au cinéma de cette nouvelle de Rudyard Kipling, réalisée par John Huston avec Sean Connery et Michael Caine, fut partiellement tournée dans les environs, aux Grands Montets.

Stop. À la base du col d'Entrèves, le mauvais temps nous entrave et contraint de rentrer en vitesse avant que la trace ne s'efface, recouverte par la neige qui recommence à tomber. Je suis nommé premier de cordée. Perdu dans mes rêveries dorées de futur monarque d'une province secrète du sous-continent indien, je frôle un trou qui me paraît louche, mais sans plus. René m'interpelle.

– Quand tu remarques quelque chose comme ça, il faut le dire. C'est une crevasse. Si je ne la vois pas, je peux tomber dedans, moi aussi !

(C'est pour ça qu'il m'a laissé passer en premier : si je chute dans les poches intérieures du Géant, René peut me sauver. L'inverse relève de la science-fiction.)

Soudain, un cri. Sur un pic au loin, un homme nous fait des signes. C'est Jean-Franck ! Perché sur le Petit Flambeau (3 407 mètres), un promontoire peu difficile à conquérir d'où s'observe, nette, assoupie, énormissime… comme la colonne vertébrale d'un reptile… l'autre extrémité de la mer de Glace, la langue du serpent ! Nous l'y rejoignons. Charline est brassée, ne se sent bien que recroquevillée. Nos druides se concertent et d'un commun accord lui transmettent une technique ancestrale que le respect de leur confrérie m'oblige à ne pas reproduire ici. Cela fonctionne : la magistrate repart d'un bon pied, et avec le sourire.

Pour la descente du Flambeau, plus délicate dans ce sens puisqu'elle implique d'être debout en crampons sur des rochers glissants sans bénéficier des atouts de la gravité, j'essaie de consolider les leçons de Tortue Géniale, qui se désole de me voir m'asseoir pour (ne pas) affronter certains blocs, à quatre pattes.

La dernière heure est un chef-d'œuvre de logistique. Une tempête à gros flocons portée par des rafales de vent à 70 km/h m'offre le luxe de tester en direct les qualités thermiques de mon armure. Aucun problème. Ainsi vêtu, la lutte contre les éléments est exaltante. Et voilà que mon crampon droit se déchausse – comme à l'aiguille du Midi, mais ce coup-ci, je m'en rends compte – sans que je puisse pour autant prévenir René, du fait des bourrasques assourdissantes. Voulant éviter de ralentir la cordée qui bataille, je me résous à boiter en surbottes avec le crampon qui pendouille d'une lanière en veillant à ne pas l'égarer, pittoresque ou ridicule, au choix. Trois cents mètres plus loin réapparaît devant nous le refuge Torino, juste en dessous de la pointe Helbronner.

*

C'est par la télévision que Charline a connu Charlet, lors de la diffusion d'*Objectif mont Blanc : sur les traces d'un géant*[27], un documentaire pour lequel Jean-Franck accompagna trois scientifiques au plus près du sommet. À la table du Torino, intrigué par son flegme paisible, je demande au complice historique de René dans la chasse aux cristaux, professeur à l'école nationale de ski et d'alpinisme, organisateur de treks dans l'Himalaya, fils, petit-fils, arrière-petit-fils, arrière-arrière-petit-fils et… père de guide, lui-même membre de la compagnie des guides de Chamonix depuis 1977, qui fête cette

27. Réalisé par Vincent Perazio en 2015.

année ses cinquante ans de montagne, de décrire sa relation à celle que nous courtiserons dans deux nuits.

Jusqu'à l'âge de quinze ans, Jean-Franck ne grimpe pas. La montagne lui paraît pénible et ses préférences vont au ski de compétition. Mais en 1968, révolution, révélation : « Je suis tombé fou amoureux de ce milieu, comme on peut l'être d'une jolie fille. » En lisant notamment *À mes montagnes* de Walter Bonatti [28], dans lequel l'alpiniste italien parle d'héroïsme et de la « gratuité du geste », qui le fascine. Quelques jours après, le jeune Charlet part planter des pitons dans les rochers, avec sa corde. Se met à l'escalade. À la recherche d'un monde d'aventures, d'engagement très dur dans la nature, par exemple aux Drus ou sur le pilier Rouge du Brouillard (4 200 mètres). Il a envie de rupture vis-à-vis de la société, de vivre autrement.

Son premier mont Blanc, il l'a vaincu à dix-huit ans, en tant qu'aspirant-guide, accompagnant un couple de clients canadiens. Il n'en garde pas un souvenir impérissable.

– De la marche dans les cailloux, une promenade dans la neige, quoi. Les refuges sont bondés, loin de l'aventure – tout ce qu'on déteste. Sur la voie normale, on est encore à moitié dans la société, loin du monde

28. Originaire de Bergame comme le père de René, Walter Bonatti (1930-2011) est un alpiniste, guide, journaliste et photographe italien qui ouvrit de nombreuses voies, dont la face est du Grand Capucin, le pilier sud-ouest des Drus (renommé le pilier Bonatti, effondré en 2005) et réalisa la première ascension du Gasherbrum IV, au Pakistan. Son livre *À mes montagnes* est sorti en 1962.

minéral. C'est très beau d'arriver en haut, toutes les montagnes autour de soi, les arêtes terminales, assez effilées, mais bon…

Parole de cristallier, adepte de parois inexplorées. Mais Jean-Franck se reprend, par égard sans doute pour l'amateur qui l'écoute.

– Le mont Blanc, attention, je le fais volontiers. Deux fois par an, à peu près. Au total, cela représente une centaine d'ascensions. Amener des néophytes au sommet reste un plaisir, celui de partager avec eux un grand moment de leur vie ; en général, ils en ont bavé et n'iront pas tellement plus loin en haute montagne. Physiquement, c'est costaud.

Et Charlet d'insister sur le mauvais temps, qui ne plaisante pas à 4 808 mètres. Quand un vent de 50 km/h est annoncé à Chamonix, c'est le double au sommet.

– L'enfer, immédiatement. Tu marches à quatre pattes. Dans la dernière partie, il n'y a rien pour se protéger, donc ça peut vite tourner très mal. Au-delà de 60 km/h, tu ne passes pas – sauf les personnes très aguerries. Et déjà, à 50 km/h, c'est exténuant. On a retrouvé un guide et trois clients, gelés, deux cents mètres sous le sommet, après une belle journée d'été… ponctuée d'un coup de tabac en plein après-midi. Si tu es fatigué, face à un vent de 100 km/h, dans le brouillard, avec la neige qui gicle de partout, l'hypothermie arrive vite. Il faut creuser un trou, mais tu n'as pas les instruments pour, et le vent te bouffe les calories nécessaires… Quant à retrouver ton chemin en descendant, bonne chance. Le vent efface les traces en dix minutes.

En terme de météo, c'est la montagne qu'il respecte le plus, assène-t-il, définitif. Face à laquelle on apprend à faire demi-tour. « Mais le risque zéro n'existe pas. Tu le sais, ça, n'est-ce pas ? » Oui, mais j'ai quand même du mal à terminer mon dessert. Le vent qui te couche ! L'hypothermie ! Ce guide et ses clients, gelés ! Qu'on n'oublie pas les pierres ! Ça y est, je flippe. Et lui, et eux ? Ont-ils la mort en tête ?

– J'ai soixante-quatre ans, me répond Jean-Franck. Hier, je suis parti chercher des cristaux avec mon fils qui en a trente de moins. À son âge, je sautais de rocher en rocher, protégé par mon aisance. Aujourd'hui, je sais qu'en cas de faux pas, je me rattrape moins bien. J'y vais doucement. Je n'ose plus faire de ski extrême non plus. Les conditions sont exceptionnelles en ce moment, mes fils voulaient que je parte avec eux sur l'aiguille du Midi, sur des pentes à 55°, mais je n'y vais plus, je ne suis plus à l'aise. Avant, je me sentais invincible, élastique, avec un équilibre incroyable. Je sens que j'ai perdu. Donc, tu te limites.

– Non, pas du tout, embraye René. On redouble d'attention parce qu'on connaît les risques. On fait gaffe, mais on ne se dit pas en permanence qu'on va mourir. Cette pensée te traverse l'esprit, mais elle ne peut pas être dominante. Sinon, tu ne pars plus.

39

Le cri du fou monchu

Après dix jours d'entraînement, quelque chose a changé. Pas tant sur le plan physiologique – certes, certes, j'ai minci, des muscles ont poussé, j'ai gagné en galbe, je me sens vif et fort, le très grand air de la vallée ventile mes synapses et gonfle ma poitrine, je mange mieux, je mange moins, je ne bois pas du tout, je me couche tôt, je dors comme un loir – que psychologique. Redoublement de personnalité. Je m'interroge : c'est toi, là ? Heureux de partir au combat contre une tempête plus puissante que la veille, dès 8 heures du matin ? Ce type qui toise d'un haussement d'épaules les deux panneaux *danger de mort* plantés à la sortie du refuge ? Jouasse de gambader si près d'une corniche ? Chantonnant dans ce paradis blanc ? Stevie Wonder hilare aux Ray-Ban embuées, infichu pendant plusieurs minutes de savoir où mettre les pieds ?

Sportif ?

Téméraire ?

Le corps engagé, disponible pour la difficulté ?

C'est moi, maman, papa, mémé, mon frère, ma sœur, ma chérie, copains et collègues, mentors attentifs, disciples éminents. Qui pour en douter ? C'est moi, moi-même. Le nullard lent et contemplatif à ceinture jaune-orange du dojo de judo et l'arrière-gauche bourrin dit *Casse-Tibias* du Football Club de Miribel (Ain), le pleurnichard éraflé du circuit de quad de Serre Chevalier qui termina dans le décor le pouce coincé sur l'accélérateur… Bibi. Mézigue. Dick tout tracé. Ricardo Alegria *himself*. Transfiguré par les Alpes. Paré pour l'ultime exercice, vingt-quatre heures avant d'aller planter mon drapeau sous le ciel des possibles.

Pour cette seconde journée sous la dent du Géant, Jean-Franck et René nous ont gâtés.

Les aiguilles Marbrées sont une ligne de crêtes hérissées de sombres canines. Un piège à loup nappé de plaques d'albâtre. Le Trône de Fer de Westeros métamorphosé en montagne revêche et violente, sur laquelle les prétendants se doivent d'enjamber toutes les épées une par une sans se blesser. Pour y parvenir, l'écuyer au piolet d'acier crapahute sur des carapaces enchâssées, des boucliers levés, une pièce montée de bugnes granitiques dont le sucre glace. Sur ce Compostelle instable, le petit page des mots aériens côtoie sans le savoir des vides de mille cinq cents mètres, tandis que le vent, rugueux, fouette son nez rose. Rubans mouchetés de neige vagabonde contre les carreaux de ses lorgnons. Chanson de gestes à ressasser. Debout, droit, oui, j'ai compris, mais non.

Périls dans la brume. Le macaque griffu baisse les bras et s'accroche aux branches de pierre, tant bien que mal. À quatre pattes. Intact, sûr ainsi de le rester. Pressé aussi par le groupe : les maîtres l'ont placé en tête de cortège, un temps. Pour le juger, peut-être. Évaluer sa capacité à trouver sa voie. Lire la partition et improviser. « Mais qu'est-ce que tu fais ? » « Où vas-tu ? » « Pas par là. » « Si tu continues, on meurt. » Encaisser.

Puis, après deux heures plus haut que terre, enfin posé sur la couronne de Marbre, se résoudre à l'impasse.

– Comment redescendre ?

– En rappel.

Voir les choses en face. Le chemin le plus court, *à l'américaine*. Vingt mètres. Une broutille, dans la langue de ces acrobates. « Dans deux minutes, on est en bas », dit René, qui y est déjà, d'ailleurs, pour nous récupérer. Jean-Franck se cale fermement sur les aiguilles, avec deux colis à livrer. Longes amplifiées, cordes tendues, têtes d'alouette et nœuds autobloquants : relais de rappel opérationnel, sécurité garantie. Charline est désignée pour passer la première. Ses mousquetons sont verrouillés par son guide avec un professionnalisme que l'on peut qualifier d'atavique, puisque la descente en rappel fut techniquement inventée par l'un de ses ancêtres, Jean-Estéril Charlet, en 1876 sous le Petit Dru. Au balcon, je n'en rate pas une miette.

– Tenez-vous bien à la corde, Charline. C'est facile, croyez-moi.

– Je vous écoute, Jean-Franck.

– Il suffit de s'asseoir profondément dans le baudrier, de rester dans l'axe, droite, la plus droite possible, puis de descendre en poussant légèrement…

– S'asseoir dans le quoi, Jean-Franck ?

– Le baudrier.

– Je n'ai pas de baudrier, Jean-Franck.

– Je vous demande pardon, Charline ?

– Eh non, regardez, répond Charline déjà suspendue dans le vide, en toute simplicité, sans trembler.

– Oh, pétard… Elle n'a pas de baudrier. René, ELLE N'A PAS DE BAUDRIER !

– QUOI ? gueule Ghilini en contrebas.

– CHARLINE N'A PAS DE BAUDRIER.

– NON ?

Souvenir de Charline qui sort du char de Charlet, hier matin. Saisissant dans le coffre son paquetage bouclé la veille dans son appartement lyonnais. L'absence de baudrier fut soulignée, il s'agissait d'y remédier. Oubli de nous quatre.

– Ne paniquons pas.

– Je ne panique pas, Jean-Franck.

– On va y aller doucement.

– D'accord.

– Tenez bien la corde.

– D'accord.

– Des deux mains.

– D'accord.

– Mettez les deux pieds en appui sur la paroi.

– D'accord.

– L'idéal est de descendre à reculons. En marche arrière, si vous préférez. En laissant la corde se dérouler petit à petit.

– D'accord.

– Comment vous sentez-vous, Charline ?

– Bien. Mais je ne vous cache pas que la corde me serre un peu les côtes.

– Tenez bon. Ça ne va pas durer. RENÉ ? PRÊT ?

– PRÊT !

– Charline, tenez bien la corde et penchez-vous légèrement en arrière. Voilà. Impeccable. Les pieds perpendiculaires à la paroi. Bravo. Vous vous en sortez très bien. Est-ce que tout va toujours bien ?

– Tout va bien, Jean-Franck !

– Vous y êtes presque.

– Quelle sensation formidable ! J'adore !

Charline rit. Elle *rit*.

Trois lâcher-prises plus tard, elle est réceptionnée par René. Pas de bobo à déclarer pour le courageux poids plume.

À moi. Je n'en mène pas large, pas large du tout. Jean-Franck procède aux vérifications d'usage. Avantage confort : j'ai un baudrier. Charline et René m'encouragent. Ai-je le pressentiment de ce qui va suivre ? Non, la démonstration m'a convaincu. Il n'y a qu'à s'asseoir et pousser des deux pieds, droit dans l'axe, souple et gracieux, comme d'habitude. Sans forcer. GIGN du cool.

– Richard ?

Assis, je suis. Mais dès les premiers millièmes de centièmes de dixièmes d'une seconde d'abandon, une peur primale me sidère à l'instant où j'essaye de lâcher du lest. Ce que je pousse, contre la verticalité des Marbrées, ce ne sont pas mes patins de pantin désarticulé, c'est un CRI qui résonne et se propage en écho dans toute la vallée d'Aoste (René dira : jusqu'à Naples), un cri de terreur, aigu, viscéral et enfantin, qui vient des tripes, le *timber* effroyable de l'arbre qui saurait qu'on le scie, le cri qui cristallise le seuil critique, l'acmé ou l'explosion de toutes mes frousses accumulées depuis l'arête de l'aiguille du Midi, onze mois auparavant.

Blow out, réactions en chaîne, attention ça éclabousse : droit comme un « y », sans appui face à la paroi et serrant la corde de toutes mes forces, je pars en pendule de droite à gauche puis de gauche à droite comme un Tarzan naze même pas capable d'appeler les animaux à sa rescousse, en me cognant les coudes, le nez et les rotules contre les replis des rochers où mon crampon droit se bloque, en le décoinçant je déchausse mes lunettes d'un coup de pouce malheureux, je vois flou, je cherche à me hisser, à m'asseoir, mais mes gants mouillés glissent sur la corde, nouveau CRI. Stupeur générale. D'en bas René me conseille des choses que je ne comprends pas, que Charline répète. Jean-Franck et ses aïeux n'en croient pas leurs yeux mais, foi de Charlet, il en a vu d'autres. Il lâche prise à ma place et donne du mou à ma corde à cinq reprises pour faire descendre à chaque fois sa marionnette de deux à trois mètres. Face à tant de burlesque en cascade je deviens liquide et me laisse ballotter. Bande-son : AAAAAAAAAAAH, cri de série B, cordillère de A majuscules en forme de pics enneigés ponctuée d'un H qui rappelle… une échelle ; rendez-moi mes échelles, par pitié. René estime que tout risque a été évité et Jean-Franck allonge la corde, dernier cri lassé, jusqu'au pied de la falaise.

Scène qui mériterait de figurer sur l'anthologie *Les Monchus font leur cinéma*. Du patois savoyard *monchu* dérivé de *monsieur*, pour railler ces bourgeois de la capitale et leurs compagnes venus se frotter aux plaisirs de la vallée, souvent au comble du ridicule.

Descendu en quarante secondes avec une élégance de danseuse étoile, Charlet me tend une tranche de tomme de Montroc et deux carrés de chocolat pour m'aider à retrouver mes esprits. René me certifie qu'au mont Blanc il n'y aura pas de rappel et me félicite pour l'expulsion de ce cri d'angoisse munchien, pour ce yodel libératoire. Charline, elle, confie s'être « amusée comme une folle » et pour tant de sang-froid, je lui tire mon chapeau, le feutre du docteur Paccard.

*

Entraînement terminé. Je mesure avec une infinie gratitude ce que le massif m'a offert : l'année dernière, la veille du départ, si des pierres n'avaient pas chuté dans le couloir du Goûter, nous aurions tenté le diable et j'aurais échoué ; renoncé, au mieux. Sans nul doute. Trop incomplète était ma formation. Cette saison, des Houches aux Marbrées, de la Jonction au plateau d'Assy, j'ai progressé. Je n'ai rien d'un alpiniste aguerri, mais toi et moi, mont Blanc, maintenant, on peut discuter.

*

Le soir même, mon *sensei* apparaît dans la cuisine cintré de son déshabillé de soie japonais, rasé de frais. À table, j'ai énormément de mal à dissimuler mon excitation – ce qui semble réjouir Petra autant que moi. Le dîner, frugal, se compose d'une soupe de légumes du jardin, d'un peu de fromage mais pas trop (René me tape sur la main quand j'essaie de me resservir) et d'une part de gâteau aux pommes parfumé à la cannelle. J'embrasse mes parents alpins, salue les chatons avec une affection particulière pour le petit boiteux et remonte dans ma chambre en courant, afin de faire mon sac.

Je ne rédige pas d'épitaphe, cette fois. Serein, Marvin Gaitet se contente de réviser les paroles d'*Ain't No Mountain High Enough* puis téléphone à sa Tammi. La femme que j'aime vient de réussir son ascension : quelques jours plus tôt, la première de son spectacle fut un triomphe. Judith n'a pas peur. Elle a confiance en moi, en René. « À ton tour. » Je pense à cette phrase du *Seigneur des Anneaux*, lorsque Frodo, après mille dangers, de sa Comté natale aux sentiers fétides du Mordor, doit maintenant gravir, symboliquement, la montagne du Destin. « Il ne sentait plus ni désir ni besoin de sommeil, mais plutôt celui de vigilance. Il savait que tous les risques et que tous les périls touchaient à un point décisif : le lendemain serait un jour de jugement, celui de l'effort final ou du désastre, le dernier sursaut[29]. »

29. *Le Seigneur des Anneaux : Le Retour du Roi,* J.R.R. Tolkien. Traduction : Daniel Lauzon, éditions Christian Bourgois.

40

Antécédents cimiesques
Le baiser bubonique du Perito Moreno

JE M'ENDORS EN ME REMÉMORANT ma plus étrange expérience sur un glacier, le Perito Moreno. Attraction touristique majeure de la Patagonie argentine. Curieux spectacle que celui de payer pour voir fondre cette immense banquise de cristal aux reflets turquoise, longue de cinq kilomètres, relativement plate, dont l'altitude est une plaisanterie (187 mètres), encerclée de vigoureux sapins. Caméra en main, les visiteurs sont suspendus aux intermittences de l'irrémédiable : tous espèrent qu'un fragment de glaçon daignera s'effondrer dans le lac avec fracas, sous leurs applaudissements.

Un bateau nous entraîne ensuite aux abords du Perito, sur lequel une grappe de vacanciers est invitée à marcher, se foutant globalement du drame environnemental global. Pendant une heure, je batifole en crampons sur ces dunes trouées de crevasses, sans songer une seconde que le soleil puisse me porter préjudice. Hélas, la réverbération de la lumière sur la glace carbonise ma lèvre inférieure, qui dès le lendemain double de volume en s'ornant d'un ignoble bubon violacé tirant sur le verdâtre purulent – comme si j'avais eu l'idée d'embrasser goulûment un crapaud, à pleine bouche, en détériorant pour une semaine mon image de prince charmant.

Le hasard fera une malheureuse. Célibataire à l'époque, j'eus la délectable cruauté de rouler des pelles ainsi infecté à une jolie fille rencontrée dans un club mal éclairé de Buenos Aires, où la pauvre ne pouvait rien entrevoir de ma difformité, sans être apparemment dérangée par sa texture suintante de pus et craquelée de sang ; ceci du moins jusqu'à ce qu'elle s'éveille dans le lit de paille d'une auberge de jeunesse, où elle poussa, dès les premières lueurs de l'aube, en me regardant d'abord avec volupté, un cri glaçant.

Depuis le baiser bubonique du Perito Moreno, je n'oublie plus d'emporter, lors de mes expéditions gelées, un stick à lèvres – que je glisse cette nuit dans ma polaire, lors d'un ultime sursaut avant le sommeil.

*

Cette nuit-là, je fais un rêve qui met en scène mon ami Xavier, mon complice en Patagonie, qui a grandi sous le mont Blanc. Nous sommes coincés dans un aéroport. Les billets indiquent que notre destination sera l'île de Mykonos, cadre de mon deuxième roman. Mes bagages forment un bordel extravagant : ma valise ouverte, mes vêtements s'amoncellent sur le sol, je suis encombré de cinq ou six sacs, tous mal fermés, je ramasse un maillot de bain… L'embarquement est sur le point de se terminer, le personnel refuse de me laisser monter dans l'avion et je m'énerve : je veux partir.

41

« Mon » Blanc, jour 1
L'heure du Goûter

COMME DES YEUX RÉVULSÉS, un dentier tout neuf, les os d'un squelette et le drap d'un fantôme après la grande lumière, la baleine qui a mangé la jambe du capitaine Achab, mes baskets, la fumée d'un nouveau pape, les spermatozoïdes qui donnèrent naissance à Michel et Dominique, un mariage qui ne compte pas, une erreur qui aurait un goût de chou, le cocktail russe du Big Lebowski, le double album des Beatles, le Noël d'Otis Redding, la chaleur du Velvet Underground, le chocolat, une arme, une balle qui ne tue pas, le drapeau de la fin des combats, ces écharpes de soie rapportées du Tibet, la « silhouette voilée, de proportions beaucoup plus vastes que celles d'aucun habitant de la terre » découverte au-delà du 84e parallèle par Dirk Peters et Arthur Gordon Pym [30], la tunique de Gandhi ou celle de Gandalf suite à sa mort prématurée

30. *Aventures d'Arthur Gordon Pym*, Edgar Allan Poe. Traduction : Charles Baudelaire.

dans les entrailles volcaniques du sinistre col de Caradhras, la robe de Marilyn embrassée par une bouche de métro, les bonnets des Schtroumpfs ou les cagoules des suprémacistes du Ku Klux Klan, le chasseur au cœur noir, la part la plus tendre du poulet, le cheval proverbial d'Henri IV auquel je préfère celui de Lucky Luke, un silence soudain dans une conversation, un linge auquel on compare la peur, un calme inquiétant, une nuit sans sommeil, l'angoisse qui recouvre la page quand l'inspiration ne vient pas, la couverture de ce livre ou le dernier costume porté par mon grand-père René.

Et ce mont.

En retard, en retard. 8 h 47 : je serre la ceinture de mon pantalon, je palpe mes talons, je change mes pansements, j'enfile avec d'infinies précautions mes chaussettes puis mes chères chaussures inadaptées au froid, je vérifie une ultime fois mon équipement scrupuleusement rangé puis dérangé puis re-rangé dans mon sac en n'oubliant pas la lampe frontale, je remplis ma bouteille d'eau du robinet, je badigeonne mon nez, mon front, mes tempes, mes joues, mes oreilles et ma nuque de crème solaire indice 50, j'hydrate mes lèvres en songeant à l'Argentine et Ghilini gueule tel le *gaucho* devant son canasson qui refuserait de quitter l'enclos :

– Gaitet ! Magne-toi !

Sur le parking du téléphérique des Houches, je dis au revoir à Petra en quatrième vitesse et nous sommes déjà dans la benne qui nous emmène sur le plateau de

Bellevue (1 800 mètres), où nous retrouvons nos compagnons. Brume de polar sud-coréen. Dans le tramway qui nous élève vers le nid d'Aigle (2 372 mètres), Jean-Franck nous donne, à Charline et à moi, la moitié d'un comprimé contre le mal aigu des montagnes ; je pourrais m'en offusquer, *je suis acclimaté moi, non mais oh*, mais non, hop, cacheton derrière la cravate.

Dès la descente du train, j'adopte l'attitude des jardiniers zen qui composent leurs fresques minérales caillou par caillou : pas à pas, traitant chaque rocher, chaque difficulté qui se présente comme une planète autonome à étudier, comprendre, apprécier. Tellurique de l'empathie. Considérer chaque pierre, sur le chemin des deux mille quatre cent trente-six mètres de dénivelé positif qui me séparent du sommet, pour ce qu'elle est : non seulement tremplin, marchepied, mais également réminiscence des êtres, des endroits, des gestes et des situations qui m'ont amené à vivre cette ascension ici et maintenant. En acceptant le flot d'images qui se superposent au paysage, dénuées du moindre respect pour la chronologie.

Blondinet sur la paroi d'escalade du parc de Miribel-Jonage et ses 150 mètres vaincus à dix ans au prix de biceps en feu. Tintin tyrolien au refuge de la Muzelle, dans les Écrins, d'où j'appelle l'actrice à l'orchidée rouge rencontrée sur une piste de danse et qui, six ans après, partage ma vie. Nuits à la belle étoile sous la falaise de Bandiagara, en pays dogon, Mali ; traversée des villages le long des champs de mil où des hommes bleus m'interpellent en disant « Bonjour Madame ». Plaisir de psycho-géographe à parcourir Paris, un été, en *vingt arrondissements chrono* : depuis l'Hôtel de Ville, à minuit dans le premier, atteindre l'arrondissement suivant avant la prochaine heure, si possible à pied, afin d'être à 20 heures dans le vingtième, pieds nus dans l'herbe grasse des Buttes-Chaumont. En classe de neige, viré de table pour avoir joué avec un couteau à bout rond. Lecture aux Houches, hallucinée, du méchant roman *Les Saisons* de Maurice Pons où la saison des pluies dure dix-huit mois avant de laisser place à quarante mois de glace – reflet pour l'auteur d'une enfance rugueuse dans la vallée de Névache.

Pause à la cabane des gardes. René nous informe que nous grimpons dans des conditions hivernales assez rares. En général, les ascensionnistes de juillet arpentent un terrain noir. Pour nous, à partir de là, la neige est partout. Ciel gris, nuages lourds. Charline affiche un moral d'acier. Reprise du monologue intérieur.

Sourire de Madame Vachaud, alpiniste inlassable du Briançonnais qui, avec son mari motard, initia mon petit père à la haute montagne ; douceur et lumière de son beau visage parcheminé, éclat rouge de ses chaussettes montantes sur les photos de ses exploits disposées en cadres sur le buffet. Barbe de mon oncle Daniel, marathonien disparu, auquel j'ai rendu hommage en courant douze kilomètres ininterrompus au crépuscule orangé des routes brutes de Haute-Corse, sous le couvent de Tuani. Initiation au canyoning dans les cascades du cirque de Cilaos, à La Réunion, en laissant bêtement tomber la quasi-totalité de mon équipement contenu dans une grosse bonbonne de plastique jaune, au désespoir du guide qui maugréa en redescendant la colline à la recherche de mes sottises. Imminence de l'accident lors d'une sortie scolaire à Chamonix, à toute blinde en luge sans luge le cul sur un sac-poubelle, hors piste, m'arrêtant net au bord du gouffre. Dans ses chères collines calcaires de la plaine d'Aubagne, lecture de Pagnol sur Garlaban et enregistrement de la voix chantante de plusieurs guides dont l'un, du même âge que moi, postula sans succès pour le rôle de Marcel adolescent dans *La Gloire de mon père* et *Le Château de ma mère* mis en scène par Yves Robert, devant lesquels je pleure toujours à chaudes larmes. Naissance sur une colline, la Croix-Rousse ; se déniaiser sur ses pentes le temps d'une canicule sensuelle, épiphanie métisse, une vingtaine d'années plus tard.

Nous arrivons à Tête Rousse en deux heures sans une once de fatigue. J'attribue ce résultat personnel à ma condition physique de cador monté sur jarrets balmatiens. René me rabat le caquet : la dernière fois, nous n'avons pas pris le train mais marché quatre-vingt-dix minutes supplémentaires en partant de plus bas, sur le sentier des Rognes. Au refuge, retrouvailles avec Esteban et Amélie, qui me donne du « rendez-vous demain soir » pour fêter ma victoire comme si c'était fait. Déjeuner d'une soupe de lentilles aux carottes, d'un morceau de tomme et d'un café. Dehors, tandis que René boucle mes crampons que je ne parviens toujours pas à attacher convenablement, trois jeunes sportifs nous dépassent… en short et baskets ; « l'effet Kilian », conclut-il. Je me coiffe d'un casque. La guerre commence.

Ghilini m'encorde à lui, nous partons devant.

Randonnée dans la neige, ligne étroite mais nette, sur laquelle je progresse de façon soutenue et disciplinée. Notre duo parvient à la racine d'une redoutable et fantastique cathédrale délabrée de pierres sèches éclatées, écroulées ou pour ainsi dire *vomies par la montagne*, éparpillées sur une pente très large et très raide – presque un mur, d'ordinaire sombre, mais aujourd'hui couvert d'un manteau de cristaux granuleux à la blancheur d'hermine moribonde. Je baisse les yeux, intimidé. Et m'attaque à ce désordre agressif, ce tableau teigneux et repoussant, comme j'ai affronté, hier, les Marbrées. En imitant mon maître, tâchant de suivre à la lettre ses instructions, son itinéraire. Lorsqu'il échappe à ma vigilance, je décode les signes de la voie royale. Je pose le pied là, j'agrippe cette pointe-ci, je me faufile dans ce boyau-là en me hissant du plat des mains, la poitrine en berne. Un autre moi-même prend alors les commandes, en mode pilote automatique, paisible et prudent, pendant que celui que mes amis connaissent continue de se laisser bercer par son propre flux de conscience.

« Mon père a très tôt développé un sentiment de culpabilité excessif. Il m'a déclaré un jour bizarrement qu'il avait choisi l'activité physique intense parce que ça empêche de penser. Il était guide de haute montagne. » Ne pas s'empêcher de penser à cette phrase de Houellebecq, à propos de ce père qu'il n'a guère connu, enterré au cimetière de Chamonix. Ou au papa de Goldorak, super-robot de papier créé par le septuagénaire mangaka japonais Gō Nagai qui, avec six personnes, trois semaines auparavant, se retrouva coincé au Montenvers en ayant loupé le dernier tortillard, sollicitant pour rentrer l'aide d'un oiseau de métal, un hélico de la sécurité civile. Ou à Jean-Louis Étienne, premier homme à atteindre le pôle Nord en solitaire en 1986, qui, vraiment désolé pour moi, me dit : « Le mont Blanc, c'est une bavante. » Ou à Bayon, l'un de mes mentors en écriture, qui grimpe à vélo le col pyrénéen du Tourmalet en chantonnant *Doucement mais sûrement* d'Eddy Mitchell – avant de buter contre un caillou qui deviendra la pierre angulaire d'un récit cycliste à coma. Ou aux petits poissons de la mer Égée, qui mangent les peaux mortes de mes ampoules sous la plage grecque de Kinetta. Ou à ce projet de traversée des Ardennes, 111 kilomètres à pied, en dormant dans la forêt, avec une escouade de copains écrivains, pour suivre mot à mot le trajet de la seconde fugue de Rimbaud de Charleville-Mézières à Charleroi : opération *Rimbaud Warriors*. Ou à ce bâton de pèlerin en bois sculpté, rapporté d'Afrique de l'Ouest, à l'effigie d'une déesse de la fertilité, premier objet que je sauverais chez moi en cas d'incendie.

Ce bâton…

« Attrape-le ! » gueule mon guide en amont de la paroi, mais je le loupe. Son bâton télescopique vient de glisser à mes côtés à la vitesse d'une fusée. René me somme de ne pas bouger, il doit descendre le chercher et, l'espace de quelques instants en suspension, se détache de moi. Blues du bâton rouge. Je me retourne pour accompagner du regard sa quête bâtonnière et, tonnerre de brute : je sais où nous sommes, je le sais depuis notre départ de Tête Rousse mais l'information n'a pas voulu s'afficher sur l'écran noir de ma tête blonde. Chéri, où t'es ? Dans le couloir du Goûter. Le maxi-bowling à quilles humaines. L'Altamont blanc des pierres qui roulent. Le stand de tir aux pigeons en crampons. Et tout est calme. Silencieux, comme dans une église. J'écoute ce lieu sacré.

Prière païenne.

Plus rien ne bouge.

L'archevêque ne revient pas. Pas de trace non plus ni visuelle ni sonore de sœur Charline et du père Charlet. Et de mes enfers rejaillit cette damnation : à quelle hauteur du couloir-du-Goûter se déploie le diabolique couloir-de-la-mort ? Le peloton d'exécution ? Dans quel repli dantesque de la montagne noire ?

Déglutir en ressassant l'apocalypse selon saint Jean-Franck, formulée dans la nuit du Helbronner : « Quand tu montes au Goûter, il y a ce couloir. Pas long : cinquante mètres. Presque horizontal. Plat. Facile. Mais de temps en temps, une pierre tombe comme un boulet de canon [il en imita le bruit froid, fulgurant] et peut t'arracher la tronche. Traverser ce couloir prend cinq minutes qui peuvent être fatales. Cent cinquante personnes le font entre midi et 15 heures. Elles regardent d'abord où mettre les pieds, sans avoir le loisir de s'assurer qu'une pierre n'est pas en train de tomber. Donc le guide doit se cacher et dire au client si des pierres arrivent – oui, dire au client s'il va mourir ou pas. Tu verras, l'endroit est amusant. »

Un boulet de canon ?

M'arracher ?

La tronche ?

Amusant ?

Non, non, non. Ce qui est amusant, c'est le regard mystifié des randonneurs quand, parvenu la langue lourde au lac Blanc du circuit de la Clarée, notre chien, briard aux poils si longs qu'ils chutent en cascade sur ses yeux tristes et lui confèrent un air de Ringo Starr canin-canon, ce bon patapouf d'Oslo se jette dans l'eau parce qu'il a trop chaud et lorsqu'il en ressort, les touristes se demandent où est le gros toutou… C'est l'expression de mon petit frère qui refuse mordicus à six ans de croire que nous sommes à dix pas de passer en Italie parce que rien n'indique la frontière : pas de pointillés noirs ou blancs, comme sur les cartes… C'est le bonheur ineffable qui m'envahit lorsque ma grand-mère, en sortant du téléphérique qui nous ramène dans la vallée de la Guisane, s'arrête dans la galerie marchande pour m'acheter un personnage de caoutchouc en forme de pizza, bardé de grenades avec des bras musclés, des bottes et un casque de GI. Ça, c'est amusant. Gênant, mais amusant.

René me réveille d'une pichenette sur le casque et cavale comme un cabri pour reprendre sa place de premier de cordée, bâton en main. Nous repartons.

Je m'encorde à nouveau au fil de mes pensées pour ne pas être bombardé d'images de boulets de canon qui me décapitent à la calife. Je me rappelle avoir noté que le point le plus haut du village de Montblanc, près de Béziers, où a grandi Joël Baqué, l'auteur de *La Fonte des glaces*, s'élève à 68 mètres ; avoir noté que j'aimerais en savoir plus. Le service insolite de mon journal cérébral exhume dans la foulée le patronyme lamentable de Patrick Sweeney, lauréat 2014 du Golden Globe catégorie *crétin irresponsable*, « grimpeur expérimenté accro à l'adrénaline » du Massachusetts qui entraîna ses enfants Shannon et Paul Junior, onze et neuf ans, par la voie royale, dans l'espoir de voir le fiston devenir le plus jeune vainqueur du mont Blanc [31] ; ils furent surpris par une avalanche – précédée d'un sifflement proche de celui d'un serpent selon Shannon, tandis que Patrick, qui naturellement a filmé la scène, a eu l'impression

31. Stupide et inutile : le record est détenu par une fillette suisse, Valérie Schwartz, qui atteignit le sommet âgée de sept ans et quatre mois, en 1991, coiffée de son petit passe-montagne rose.

d'être « une antilope déchiquetée par un lion » ; les trois s'en sont sortis indemnes, par miracle. « Je n'ai aucun regret. C'est diablement mieux que de rester à la maison devant un jeu vidéo ou la télé, affirmait Sweeney à la télé, con comme ses pieds. À travers cette leçon de courage, je crois que j'ai fait du très bon boulot en tant que père. » Je revois mon père en hiver nous entraîner à débarouler, en riant comme des pingouins, trois mètres de pente neigeoteuse dans le parc des îles en bordure du Rhône, sur la même luge rouge délavée qu'il utilisait petit garçon ; je l'imagine d'ailleurs, grâce aux si nombreux récits qu'il m'en a fait les yeux étoilés, dévalant boulet-de-canon la montée de la Grande Perrière fermée à la circulation avec Gilles le meilleur compère, quand cette rue si raide prenait pour eux des allures de piste de bobsleigh.

Je revois aussi mon baptême d'accrobranche au parc d'aventures de La Salle-les-Alpes, qui m'a permis de découvrir à seize ans l'existence de cavités musculaires insoupçonnées au niveau du pelvis. Je reconstitue minute par minute l'aube du 1er janvier 2000, sur la colline de Montluel, où j'ai pris la résolution de cesser d'essayer de conquérir autrement qu'en amitié une fille dont le nom de famille révèle aujourd'hui en plein son caractère visionnaire, inexorable et magnétique : Roche. Je récite Sade dans *Les Cent Vingt Journées de Sodome*, quand le divin marquis constate avec philosophie qu'il ne faut point « s'étonner que tout plein de gens préfèrent, pour leur jouissance, une femme vieille, laide et même puante à une fille fraîche et jolie. Pas plus s'en étonner, dis-je, que nous ne le devons être d'un homme qui préfère pour ses promenades le sol aride et raboteux des montagnes aux sentiers monotones des plaines. »

La tête dans la lune, trébuchant sur une arête aride, je rabote mes neurones : René Daumal n'a-t-il pas écrit que « la montagne guette toujours l'occasion de te faire un croc-en-jambe » ? Vigilant sur le croche-pattes, je pose les miennes de bloc en bloc. Premiers signes de fatigue après des étranglements pierreux plutôt casse-cou, puis, cui-cui, coucou, je relève mon blanc-bec et voici le nid. Bâtiment à l'horizon. J'aperçois une rambarde. Encore une demi-heure à encaisser, je dirais. Avant l'addition. Qui sera peut-être salée, rapport aux boulets de canon. Si le Goûter est en vue, le couloir-de-la-mort est en vie – quelque part, ici. Mais quelque chose cloche. Mon ordinateur mental refuse de connecter deux informations. Suspense intenable, soulagé par notre arrivée sous *l'ancien* refuge du Goûter, désaffecté depuis cinq ans, celui qui, rustique, remonte à 1960, d'une capacité de vingt places. Et je pige.

– René, la vérité, c'est que le couloir-de-la-mort n'est pas juste au-dessous du refuge, mais *au-dessus*, c'est ça ? Et ce sera la première épreuve que nous aurons à subir, cette nuit, c'est ça ? Tu peux me le dire, maintenant.

– Tu n'as rien compris. On l'a dépassé depuis trois heures, mais tu n'as rien vu, tout était bloqué par la neige. Le couloir est juste au-dessus de Tête Rousse, tout le monde le sait. Tu me désespères, par moments.

– Tu veux dire que j'ai survécu au couloir-de-la-mort ?

« La ligne étroite et nette » sur laquelle j'ai marché comme en randonnée, c'était donc ça. *Lucky dog*. La fée neige a paralysé la nef des fous. Noël blanc, paix sur la terre aux hommes de bonne volonté. Au-delà des portes de la mort, je suis vivant ! À 3 835 mètres. Enfin, presque. Car il me reste à grimper une falaise infime pour pouvoir longer, émerveillé, le pont qui relie les deux refuges.

Aux anges.

Sur l'aiguille du Goûter à 15 h 45, un peu en avance pour le verre de lait et le pain au chocolat, qui risque de fondre. Soleil dingue. René nous détache. Six heures d'efforts, je retire mes crampons, mon casque, mon bonnet, mes gants, ma polaire. Et m'assois sur un rocher pour observer, bouche bée, le phénomène le plus poétique de toute cette ascension.

La mer de nuages.

Infinie. Sans rien pour l'obstruer, la trouer, l'abîmer, la dévaloriser, puisque son seul rival, le point culminant d'Europe occidentale, je l'ai dans le dos, je l'ai mis de côté, pour mon quatre heures (du matin), pour cette nuit, pour demain.

« […] toute proche encore, floconneuse, toujours un peu agitée, qui dissimule le monde dont on sort. Plus d'un, à ce spectacle contemplé pour la première fois, a connu la révélation », selon le philosophe Patrick Dupouey.

La mer de nuages, dont les rêves sont faits. Ici haut, face à ces cent mille millions de moutons ton sur ton, je me tais.

Trois quarts d'heure après, je n'ai pas bougé de mon caillou, bonze à bronzer, lorsque nous rejoignent Charlet et Charline. Cette dernière est montée sans difficulté majeure, ne souffrant ni de nausées ni de maux de tête. Heureuse.

À côté de nous, posée au bord du précipice, l'architecture prodigieuse du refuge, métallique et argentée de ses panneaux solaires, vaisseau spatial paré pour l'envol. Le futur, en forme de tomme de Savoie.

*

On pénètre dans la meule via son vestiaire. Je pose temporairement mes lunettes de soleil sur le rebord d'une étagère, casque, bâton et piolet dans un casier, je me déleste de mes bottes et de mes surbottes (mouillées, que René me conseille de garder avec moi) et nous suivons nos guides jusqu'au dortoir Albert Ier, baptisé d'après ce roi des Belges qui, patatras, s'est tué en escalade en 1934.

Je découvre une chambre de douze personnes, où le silence semble être la règle même à 5 heures de l'après-midi. Coup de pot, le lit dont j'hérite est exactement celui que j'aurais choisi si j'avais été le premier, en hauteur, contre un hublot.

Ruche *very high* (tech) ancrée dans la roche par des pieux en béton qui s'enfoncent de douze mètres dans les couches de gneiss, fourmilière de cent vingt couchettes toutes occupées ce soir où la réservation est obligatoire, le nouveau refuge est une prouesse technologique voulue par ses concepteurs comme un symbole du développement durable.

Depuis septembre 2014, deux tiers des vingt mille prétendants annuels au mont Blanc dorment dans cet œuf surnaturel, autonome en eau et en électricité, sur quatre niveaux, au revêtement d'acier brossé très science-fiction, qui cache une structure intégralement construite en bois venu des forêts de Chamonix. « Le hic, c'est que ça peut flamber en quelques minutes », souligne René.

À ce sujet, le taulier du Goûter s'adresse à tous les guides en des termes relativement flippants : « Nous venons de régler un problème électrique, mais s'il venait à se reproduire, cela pourrait provoquer un incendie. Je vous demande à tous d'augmenter encore votre vigilance. Si ça brûle, nous serions forcés d'agir le plus vite possible et de tirer un câble entre les deux refuges, de manière à évacuer tous les clients. »

Je m'évacue moi-même sur la terrasse pour quelques minutes en dessous de zéro. Et cherche du regard la couronne d'épines des aiguilles Marbrées, dissimulées par le dôme qui se dresse doublé d'un certain *machin* Blanc. Mon léger calvaire d'hier, côté italien, a ses effets. Positif : le Goûter, je l'ai mangé, c'était du gâteau.

Négatif : mon équilibre est perturbé et j'ai eu souvent, trop facilement, peur de tomber.

Brume sur la vallée. La mer de nuages fait son lit, blanc sur blanc. Les prévisions sont bonnes : nous aurons du vent, mais on annonce « grand beau » toute la journée. Je m'en réjouis avec deux hardis Provençaux, la vingtaine, qui partagent notre dortoir. Détail vertigineux pour moi mais pas pour eux : ils sont venus sans guide.

Jeoffrey va se frotter pour la première fois aux célèbres 4 808 mètres, entraîné depuis plus d'un an par son ami Lucas, beaucoup plus expérimenté, ex-sapeur-pompier passionné de sports extrêmes issu de la Fédération française de montagne et d'escalade – qui a déjà tenté à trois reprises d'atteindre le sommet. Les deux premières, une météo dangereuse l'a stoppé net dans son élan ; la troisième, ce fut une migraine atroce ; à chaque essai, Lucas a tenu jusqu'à l'abri Vallot. Demain, le jour J ?

Tranche de tomme, soupe à l'eau. Cuisse de poulet pas cuite servie dans une crème aux herbes bof-bof, semoule-raisins et haricots tristes. Petit gâteau au chocolat. Si j'avais un royaume ou un cheval, je les vendrais pour une assiette de spaghettis.

L'altitude donne soif, mais je bois peu, chameau.

Dans les escaliers menant au dortoir, la tête me tourne comme dans les couloirs du train Pékin-Lhassa. Jean-Franck, notre homme-médecine, me tend comme à Charline une aspirine.

– La raison principale pour laquelle un tiers des prétendants n'arrive pas tout en haut, c'est le mal aigu des montagnes. Il te manque 25 % à 30 % d'oxygène. Si tu n'as pas assez de globules rouges, ça peut créer des œdèmes cérébraux ou pulmonaires. Et avant cela, maux de tête, perte d'appétit, écœurement, vomissements. Cela dit, il y a des gens peu sportifs qui n'ont aucun problème d'acclimatation. À l'inverse, j'ai une cliente très athlétique, capable de courir dans tous les sens sur les sentiers qui, systématiquement, est malade à 3 500 mètres. Si vous souffrez demain des effets de l'altitude, nous n'aurons qu'à redescendre de quatre cents mètres et pffuit, ça passera.

Un quart d'oxygène en moins. Les globules en panique dans la chaudière en surrégime. Rejoindrai-je la cohorte des déçus qui, rincés, renoncent à mi-parcours – bien que cette histoire, jusqu'à présent, ne manque pas d'air ?

À cette loterie, je me souviens d'un camarade, Julius, trente ans, plutôt sportif (tennis, course à pied, ski, randonnée), qui s'était lancé le défi de gravir le mont Blanc avec sept collègues de bureau. Après six mois d'entraînement sérieux, la bande arrive de Paris deux jours avant l'ascension. Rencontre avec les guides, test du matériel sur la mer de Glace et du niveau de bravoure sous l'aiguille du Midi. Le jour J, passage sans encombre du couloir du Goûter – qu'il m'avait décrit comme une « pyramide inca très fatiguée », j'avais bien aimé – et prise d'aspirines au refuge du même nom. Nuit agitée. À 1 heure du matin, on vient les chercher.

Problème. Au réveil, Julius a une migraine infernale, ne sait plus où il habite, ses jambes ne le portent plus, zombie. Son guide lui demande s'il veut continuer. Il dit oui. Le guide le fait sortir vingt minutes, seul, de nuit, vêtu en tout et pour tout d'un T-shirt et d'un caleçon, pieds nus sur la terrasse gelée, par -15 °C. Remède inespéré. Julius a atteint le sommet, joyeux.

Extinction des feux aux alentours brûlants de 20 h 30. Afin qu'elles sèchent, j'ai glissé mes surbottes sous l'oreiller. Le plumard est d'un douillet inespéré, les lits séparés par d'épaisses planches latérales en beau bois pour un minimum d'intimité. Toux et chuchotements, aucun ronflement à déplorer. Sage colo. Par le hublot, une éclaircie perce le brouillard. Le hublot. Tilt. Comment ne l'ai-je pas capté plus tôt ? En parvenant botté-casqué devant cet ovoïde de métal qui de l'avis général ressemble à un ovni, une navette spatiale ? Sacrée M. ! Dès les premières minutes dans son bureau des Services secrets alpins, quand j'évoquais mon souhait de devenir le premier écrivain dans l'espace, elle avait tout prévu ! Houston ? Décollage dans six heures. Un millier encore de petits pas pour l'homme que je suis, un grand pas pour le peuple de ceux qui sont trop souvent dans la lune.

42

« Mon » Blanc, jour 2
Jusqu'où ?

> « Avec tout ton cœur, tout ton souffle
> et toutes tes forces ? »
>
> Erri De Luca, *Sur la trace de Nives*

AI-JE DORMI ? Oui. Non. Asphyxies microscopiques, rythme cardiaque effréné, ne plus bouger d'un cil aux premiers picotements migraineux, peur d'avoir peur, se retenir de rêver d'avalanches.

1 h 55, le refuge s'agite. Je traîne. Un réveil tranquille est une garantie de bien-être. Mais René et Jean-Franck sont debout, vifs, efficaces, taiseux, le sac à l'épaule, vite imités par Charline – quoi, il faut se préparer ? Prendre les affaires et quitter la chambre, déjà ? On ne va quand même pas s'habiller dans le couloir, si ? Pas de petit déjeuner ?

Ma faim s'avère aussi légère que ma nausée, mais je me force à manger. Deux tranches de fromage, tartines de confiture d'abricot, café, jus d'orange. Tension sur les visages. Mon voisin m'ouvre son cœur et me dit qu'il a mesuré, cette nuit, quatre-vingts battements par minute. En moins de temps qu'il n'en faut pour un infarctus, le bataillon des grignoteurs s'émiette. Je retourne chercher mon barda dans le dortoir, où deux personnes ont choisi – ou pas – de rester au lit. Patraques ? Terrassées par un mal de crâne en kevlar ? Faut-il les pousser sur la terrasse en slip, pieds nus ? Partiront-elles à 7 heures, comme une infime poignée d'entre nous, qui préfère la paix d'une ascension diurne à la caravane des lucioles sur le point de se mettre en file indienne ?

Je sens que je suis le dernier.

Je tiens à tout faire bien, mais le faire vite est une angoisse. Je retrouve mes compagnons dans l'escalier – mais pourquoi s'habille-t-on dans l'escalier, hein ? – et je commence tout juste à rentrer mon sous-pull dans mon pantalon à la ceinture serrée pour ne pas laisser le froid s'infiltrer, à me glisser dans un accessoire de dernière minute, une doudoune douce, chaude et fine, à lacer mes chaussures avec une minutie de canut. René, paré depuis dix minutes, m'adresse son regard habituel. « Il faut y aller, là. »

Oui-oui, me voilà. Je l'agace, il s'en va. Bonnet. Saut dans le goretex. Ajustement des surbottes en refermant sur elles le bas du futal. Dans un refuge déserté, jonché de matériel abandonné comme au lendemain d'une attaque bactériologique, je descends au sous-sol et rejoins enfin René, Jean-Franck et Charline dans les vestiaires. Son Altesse Sérénissime, le sas ultime. Au-delà, le grand blanc.

Étrangement, nous sommes seuls. Ai-je abusé ? Une centaine d'alpinistes est déjà en route. Je me grouille. Dans le coin où, hier, j'ai retiré mes affaires, j'échoue consécutivement, une fois encore, probablement la dernière, à enfiler mon baudrier et boucler les lanières de mes crampons. Pédagogue exemplaire, mon guide me refait la leçon tout en m'habillant comme un marmouset de cinq ans. D'un pied à l'autre, il bloque tout, sangle tout, vérifie tout, plus de temps à perdre. Puis relève la tête. Sur l'étagère derrière moi, un objet familier.

– C'est à toi, cette paire de lunettes de soleil ?

– Bien sûr que non, enfin, dis-je, à moitié vexé. Elles sont rangées dans la poche supérieure de mon sac, comme d'habitu…

Si, ce sont mes lunettes. Ajustées à ma vue. Pile où je les ai laissées, treize heures auparavant. Les Ray-Ban de Dylan, offertes à tous. En évidence sous les mirettes des cent dix-neuf personnes (honnêtes) qui sont passées – deux fois, à l'arrivée et au départ ! – par ce vaste placard humide entre hier et aujourd'hui. Mes lunettes noires. Ni chapardées ni déplacées, alors que René m'a expliqué qu'il s'est déjà vu dans ce refuge, parce que l'homme n'oublie jamais d'être cruel et cupide y compris dans les situations critiques, que des chaussures soient volées. Pas mes lunettes noires. J'en reste interdit. J'ai comme un blanc.

Cet événement justifie à lui seul le titre de ce livre et mérite que l'on s'y attarde. Dans les couloirs du temps, il existe une réalité alternative née d'un battement de cils du papillon Ghilini où ce matin précis, si René n'avait pas relevé le nez à hauteur de l'étagère, « à l'heure où dans les ombres, l'aube n'a pas atteint le front des Alpes sombres », avec un ersatz maléfique de Victor Hugo – Butor Hugo – pour conter mes mésaventures, je serais parti au mont Blanc sans lunettes de soleil.

Vers 6 heures, quand l'astre suprême se serait affirmé comme le maître des lieux, irradiant de ses rayons la vallée, la réverbération de la lumière sur la neige aurait commencé à me piquer. Pause. J'aurais posé mon sac, ouvert une poche en sifflotant et… rien. Surpris, j'aurais fouillé mon sac, puis vidé mon sac et les poches de mes multiples vêtements. Pour rien. Détresse cosmique. Impuissance intersidérale. Probable que j'aurais voulu mourir de honte sous une tempête de guano. Car il aurait fallu s'arrêter, aux deux tiers de l'ascension, en pleine possession de mes moyens, moral battant, mental vaillant, dévissé par un bête oubli, la crasse étourderie, la couronne de coton de Linotte Ier. Rebrousser chemin, obligé, au risque dans le cas contraire de contracter une ophtalmie des neiges. D'abîmer ma rétine à l'aller comme au retour, plongeant régulièrement dans la neige pour soulager mes globes en fusion comme l'un des malheureux Japonais du film *Antarctica*. Craignant à chaque pas de me rompre le cou dans le couloir, pendant des heures, jusqu'à reprendre le train au nid d'Aigle, errant hagard à la mémoire d'étourneau, Zatōichi zéro pointé, à demi-aveugle, pendant des jours. Éclopé visuel ultraviolé par les UV.

(Peu de temps après, cette anecdote sera réfléchie par une histoire vraie piochée dans un long-métrage haut perché : dans *Gabriel et la montagne*, Fellipe Barbosa narre les tribulations africaines d'un jeune globe-trotter brésilien, aussi attachant qu'arrogant, qui entreprend notamment l'ascension du Kilimandjaro. En chemin, son guide constate que Gabriel n'a pas de lunettes de soleil. Oubli ? Non. « Je n'en ai pas besoin, répond l'exalté, sûr de lui. Je veux voir la montagne de mes propres yeux. » Le guide insiste et propose de prêter ses lunettes à son client, mais rien à faire. Gabriel redescendra à l'aveugle, en se tenant aux épaules du guide, avec les lunettes de ce dernier doublées d'un bandeau rouge pour protéger ses paupières carbonisées.)

(Qu'on se souvienne aussi de Jacques Balmat, au micro d'Alexandre Dumas : « La neige me fatigua tellement les yeux, que je ne distinguai plus rien. J'avais des éblouissements qui me faisaient voir de grandes taches de sang. » Ou de Kilian Jornet, la cornée cramée entre le dôme du Goûter et Vallot. Sa seule blessure ici.)

(Voler des chaussures ! Pensées solidaires au pauvre marcheur jadis spolié de ses souliers pour lequel non seulement l'ascension s'arrêta net, au milieu de la nuit, mais qui dut rentrer chez lui en sabots de plastique, en crocs-chaussettes, dans le grand couloir du Goûter. Cette hypothèse me crucifie.)

– C'est ton coup de chance de la journée. Il n'y en aura pas deux. On se barre, maintenant !

3 h 03. J'attrape bâton et piolet et je me ceins d'une lampe frontale – j'appuie sur *on* et n'obtiens qu'une lumière rouge très faible qui clignote comme le droïde recalé d'une version turque de *Star Wars*. René ? Trop tard. La porte s'ouvre. Plus rien ne s'oppose à la nuit, constellée du convoi vertical des étoiles mouvantes. L'orchestre se met en place pour accompagner Peer Gynt dans l'antre de la montagne. J'ai à peine veillé à ce qu'aucun courant de ce vent énervant ne s'infiltre entre mes gants et la manche de la polaire que, *dès le premier pas*, mon guide me fait sentir que je suis à la bourre et la corde me tire en avant pour le grand saut, c'est parti !

Mais passé la sortie du refuge, en affrontant direct la claque rectiligne de la calotte qui mène à l'arête du Goûter, je peux certifier que ma lampe ne marche pas. René se retourne, enfonce des boutons sur ma tête comme si j'étais un robot à programmer pour dix heures de randonnée glaciaire en mode silencieux. *Error system*. Il se décale alors derrière moi pour éclairer mes pas, comme c'est le cas depuis deux semaines, en me conseillant de m'aider de la lumière de Charline qui évolue devant, encordée à Charlet. Le goût de l'action revient, je suis ému, j'y vais, pleinement réveillé par le dénivelé puis par le rythme agréable et lent, métronomique, de notre procession électrique.

En surplomb du refuge, sur une longue bande de poudreuse plate fort sympathique pour se remettre en jambes, je marche au pas sous le firmament de mes pensées et j'entends mon père évoquer son service militaire, aspirant chasseur alpin chargé de protéger le téléphérique de la Meije menacé de sabotage écologiste et qui, pour ne pas dormir dans une cabane de chantier où la température avoisine les -26 °C, se résout en compagnie d'autres bidasses à creuser une tranchée dans la neige avec un toit de skis recouverts de ponchos afin de roupiller un peu mieux par 0 °C. Moi, je n'ai pas froid. Je me chauffe à Michaux. « Attraper une montagne devant soi dans les Alpes, oser l'attraper avec force pour la secouer, ne fût-ce qu'un instant, la grandiose ennuyeuse qu'on avait depuis un mois devant soi. Voilà qui mesure ou plutôt démesure un homme. Mais pour cela il faut une colère-colère. Une qui ne laisse pas une cellule inoccupée (une distraction même infime étant catégoriquement impossible), une colère qui ne peut plus, qui ne pourrait plus reculer. »

J'ai la colère-colère pour me rendre en territoire inconnu, pour rendre pensable l'impensable, pour tracer la nouvelle frontière de mes capacités physiques, pour réévaluer mon courage dans la zone inédite. Cependant, n'en déplaise à Henri, c'est une colère-lumière, portée par la volonté d'honorer la confiance et les enseignements qui m'ont été donnés, avec discipline, en connaissance de mes qualités et de mes défauts, de mes forces et de mes faiblesses, de mes pics et de mes crevasses, écrasé par les beautés du massif. Attila le Humble, conquérant de l'ire utile, joie pure et dure poussée à l'incandescence.

À l'assaut du dôme, j'avance *downtempo* d'un souffle régulier, mais mon esprit sprinte pour venger Tête Creuse et Shin'ichi, héros d'une nouvelle de jeunesse du cinéaste Takeshi Kitano, des collégiens qui échouent simultanément à remporter la course de relais de l'école ; le premier, athlète confirmé, champion chaque année, perd à cause d'une fièvre de cheval ; le second, flemmard olympique, bon dernier chaque année, placé en tête du peloton par un coup du sort, s'emmêle les pinceaux et trébuche à trente centimètres de l'arrivée sous le regard de sa mère et de son frère. (Devine lequel est mon préféré.) Puis, à force d'observer les courbes sinueuses du cortège d'ascensionnistes partis plus tôt, je me creuse la tête et ressors de mes archives neuronales cette colère-colère de Christophe Profit. « Au refuge du Goûter, le premier réveil est à 1 heure. S'il y a du vent, mieux vaut attendre. Sinon, il fera trop froid, les clients vont se fatiguer et quand ils seront sur le dôme, il faudra tout de suite redescendre car ils seront épuisés, les mains gelées. On peut accepter ça ? Si tu pars à 4 heures ou 5 heures, cela change totalement la donne. Il fait jour, le soleil te réchauffe… Mais tu vois des guides pour qui cette ascension n'est qu'un labeur.

Et cela se transmet aux clients, qui ne la feront souvent qu'une seule fois dans leur vie. Si mes enfants partaient avec quelqu'un comme ça, qui va leur faire vivre un calvaire, pas du tout à la hauteur de leurs espérances, je deviendrais fou. »

Au col du Dôme, le ciel tourne au bleu de minuit quand apparaissent les premières lueurs d'or, qui peu à peu surnagent des nuages, aux heures pâles de la nuit. Aube si belle qu'elle efface toutes les précédentes – à douter qu'il y ait eu, seulement, des précédentes. Aube bue. Jurisprudence de l'aube vue, de si haut. Qui me rappelle ma chérie, qui m'a téléphoné il y a six jours pour me dire qu'une obstétricienne du tonnerre lui a assuré que son col de l'utérus est « parfait » et j'en ai déduit, heureux, que nous pouvions commencer, collés-serrés, sans nous presser, du moins pas davantage que sur ces plaines enneigées, à en envisager l'ascension.

Je pense à l'enfant de René et Petra, qui pour l'heure ne mesure qu'un centimètre. Ainsi qu'à mon amie Estelle, journaliste spécialisée en puériculture qui, un midi, s'était lancée dans une drôle de comparaison entre mon initiation à l'alpinisme et un accouchement sans péridurale.

– Tu as deux possibilités. Soit tu vas jusqu'au Goûter, bon boulot, bravo, puis un hélico te porte jusqu'au sommet ; tu es fier de toi, mais faut pas déconner. C'est le pilote qui a tout fait. Ou tu te prépares pendant des mois, accompagné d'un guide qui sera ton roc et qui répète au fil des exercices que tu peux le faire. Quand j'ai accouché debout et sans péridurale, c'était un défi personnel, avec des mois de préparation, pour apprendre par exemple les vibrations sonores qui, à chaque contraction, adoucissent la descente du bébé. Chanter distrait le cerveau. À la maternité, j'étais debout, la sage-femme m'a laissé vivre le moment en me conseillant juste de m'accroupir. Je me suis accrochée à Yann. Et Adèle est sortie sans aucune douleur, tout doucement. Inimaginable, mais vrai. Elle s'est déposée sur le sol. Trois grosses contractions m'ont fait mal, mais c'était supportable. Je me sentais comme une héroïne. En France, plus de 80 % des femmes choisissent la péridurale parce qu'elles ont peur de la douleur, angoisse entretenue par le personnel soignant. Si tu as confiance en ton corps, en ton mental, cela peut très bien se passer. Pour moi, cela reste une épreuve initiatique, pas une partie de plaisir, mais rien d'insurmontable. Comme ton ascension.

Soleil total. Pause pour s'oindre de crème avant le vrai combat qui cogne : les Bosses, succession de grosses dunes très exposées au vent, parcourues en ce moment même par une soixantaine de silhouettes multicolores qui sillonnent la trace à suivre. Je m'ébahis face à un tel adversaire. Nous n'échangeons presque pas un mot avec René – il a compris que ça va, je tiens, le rythme est bon, soutenu. Même si le plus difficile reste à accomplir. En vue : l'abri Vallot (4 362 mètres), cabane métallique argentée à proximité d'un observatoire météo.

Cela fait longtemps que nous avons dépassé Jean-Franck et Charline. Nous pourrions les attendre pour franchir ensemble cette étape symbolique, mais le Piémontais préfère ne pas traîner quand je lui confie que j'ai froid aux pieds ; les surbottes ne sont pas mouillées, toujours bien fermées, mais ces chaussures si confortables ne sont pas suffisamment épaisses pour cette expédition ; pas d'ampoules, mais des frissons coriaces dans les petons.

Puisque chanter distrait le cerveau, je fredonne *Alpiniste*, sublime déclaration d'amour composée par David Babin dit Babx, tirée de l'album *Ascensions* sorti cinq semaines avant la mienne. « J'irai là-haut, pour que tout s'illumine, là où rien ne s'abîme. Sur la montagne nue, je planterai un drapeau, aux conquérants de l'inutile… » Ou les climats électroniques du groupe Sommet, visant à restituer les sensations de haute altitude via des nappes de synthétiseur sensuelles ou frigorifiées. Ou le récit synthétisé par Rodolphe Burger d'après Büchner des errances montagnardes de Lenz, poète suicidaire allemand en proie à la démence qui, au cours de promenades en solitaire dans les forêts grises, n'éprouve pas la fatigue mais regrette « de ne pas pouvoir marcher sur la tête ». Une idée pas si folle, qui me permettrait de sentir à nouveau mes pieds, paisiblement occupés à se transformer en pains de glace congelés.

« On perd un degré tous les cent cinquante mètres, en moyenne », m'explique René en m'incitant à planter, à sa façon, piolet et bâton dans la neige à l'arrière de l'abri Vallot, aux allures de boîte à pharmacie géante, dans lequel on entre par en dessous, en grimpant puis descendant un escalier raide où je grippe des crampons. Consignes, fissa : retirer polaire et coupe-vent après avoir préalablement extrait du sac un dernier pull-over pour ne pas faire *game over* ; se rhabiller en claquant des dents ; profiter de ce mouvement spontané de la mâchoire pour grignoter une barre de céréales ; boire en entier l'étrange boisson bleu fluo donnée par René juste avant le départ, baptisée *Ice Storm*, à base d'eau, de sodium et « de glucides nécessaires pour remplacer l'énergie perdue pendant l'exercice », selon l'étiquette, qui m'avertit que ce breuvage contient aussi de la résine de bois.

La caillante s'installe en moi, nous devons bientôt repartir, je rêve d'un thermos de café, de polenta, de ma peau d'écrevisse écarlate des suites d'un coup de soleil ignoble au lac de Pontillas, de Cuba et de ma lecture antinomique d'un récit tragique à l'Everest sur les plages de Trinidad, des toboggans naturels des cascades de Penha au Brésil après une heure de vélo cuit à l'estouffade sur une route pentue en plein cagnard. Pour conjurer ce blizzard interne, je me frictionne frénétiquement « à la Gasherbrum » comme j'ai pu le voir dans ce documentaire de Werner Herzog sur la personne de Reinhold Messner, quand la porte en fer du refuge se met à grincer. Charlet et Charline !

Hélas, l'heure n'est guère aux retrouvailles en dansant la cucaracha. Notre chère avocate lyonnaise paraît encore plus frigorifiée que moi. Curieusement, en ajoutant comme moi une couche supplémentaire de vêtements, le froid l'attrape sitôt sa veste enlevée. Charline blêmit et tremble. Jean-Franck l'enveloppe de couvertures de survie dorées et argentées ramassées dans l'abri, qui pullulent, mais rien ne semble diminuer le froid ressenti de notre camarade, désormais assise. J'évoque brièvement mon problème podologique, que Charlet entreprend de régler, en découpant deux fragments de couverture isothermique.

– Défais tes crampons, retire tes surbottes.

Le bon docteur Jean-Franck emmaillote mes chaussures de ce tissu en fil polyester métallisé, imperméable. « Ça devrait aller, mais nous n'avons pas une minute à perdre », dit René en tranchant dans le vif le scénario d'une fin d'ascension collégiale. Je remercie Charlet et salue Charline d'un regard bordé de bravoure et de compassion en plaidant pour un rendez-vous au sommet.

Reste à bosser. Gorgone à trois visages, la pétrifiante arête des Bosses consiste à enchaîner un triumvirat de cônes enchâssés, en apparence rondouillards, égaux et bonhommes, mais de fait sévères, bipolaires et sournois, dont la voie de circulation considérée comme « royale » demande de marcher sur la face de ces seigneurs en passant par le nez du premier, la joue du deuxième et le front du troisième, le long d'un couloir aussi tétanisant que la tête d'épingle de l'aiguille du Midi – qui a failli, souvenez-vous, me laisser sur le cul. Bref relevé topographique amateur, à vue de myope : le chemin mesure quarante centimètres de large, le vide prend des proportions philharmoniques avec deux mille mètres de chaque côté et je ne sais pas du tout combien de temps cela va durer.

Bigre, n'est-il pas exagéré de conclure.

Depuis notre sortie du refuge du Goûter, j'avance dans la roue de René, front baissé, réglant mon pas sur le sien, en copiant au plus précis les déplacements de mon maître. Sur la première bosse, je rencontre un ennemi invisible dont la visite a été annoncée : le vent, qui ralentit notre cordée, qui cherche à l'affaiblir en envoyant ses sbires attaquer les rares centimètres de peau non couverte, persuadé de nous coller au tapis malgré les rayons du soleil en renfort et notre activité musculaire permanente. Mais c'est méjuger de l'alliance miraculeuse de *Chante-Fort* et de Tortue Géniale, du *condor francés* et du Singe bleu de la mythologie maya. Le disciple se révèle et prend de la hauteur. Une force logique agit comme un carburant dans mes jambes de fonte, que j'élabore peu à peu en technique d'art martial.

Son nom ? Les œillères de la peur par anticipation. Son principe fondateur ? Ne regarder que l'essentiel, en supposant que le pire est à venir. C'est-à-dire ? Voici près de quatre heures que je colle au train de mon *sensei* en étant viscéralement convaincu que la descente sera terrifiante puisque je verrai le vide en face – dans le blanc des yeux ; obligé de lutter sur le fil de ma plus flagrante faiblesse, le manque d'équilibre. Pendant. Plusieurs. Heures. Donc, selon mes insignes ancestraux de Chevalier de la Table ronde du verre à moitié plein, élevé dans l'optimisme, pragmatique au quotidien, j'ai réussi à développer des œillères extra-sensorielles capables de masquer les potentiels dangers secondaires – en tête, le vide – tout en considérant que je dois profiter au maximum de chaque seconde gagnée, miser sur ma résistance hors du commun et savourer ces mètres volés sur les narines, les tempes et les sourcils des Sphinx des glaces car, au retour, le désastre est de l'ordre du particulièrement probable, épouvantable, à faire pipi dans sa culotte. État d'esprit de samouraï dans la frousse.

Le vent a cependant plus d'un tour dans son gant de velours.

L'un de mes doigts se met à me lancer. Un picotement d'abord, qui dégénère. Sous le gant épais conçu pour résister au froid, l'extrémité onglée de mon annulaire droit – sa phalange distale – me brûle d'une douleur qui de minute en minute devient insoutenable. Continuant coûte que coûte à progresser sous la tempête, j'essaye de remuer ce doigt en espérant lui rendre une température normale. Peine perdue. Deux centimètres de chair triste sont bel et bien en train de congeler sous le tissu. Étrangement, seul ce doigt-là. Plus étrange encore, seul le bout de ce doigt-là est en feu (les autres poursuivent leur vie de doigts, indifférents à l'incendie en cours chez le voisin). Et cela pourrait bien me rendre barjo. Car la douleur occupe maintenant toutes mes pensées. La comparaison est naturellement déplacée et démesurée, mais je n'arrive pas, comme René avec son bras, à la mettre de côté pour me concentrer sur la course. Panique. Il faut que je lui parle, j'ai mal, j'aimerais lâcher le bâton tenu par la main à l'ongle grillé, mettre ce doigt au micro-ondes de mon nombril. Je ne vais pas tarder à crier.

Mais je ne peux pas.

Dans ce sanctuaire, le vent redouble de bruit et de fureur et tandis que j'agonise, René ne m'entend pas. Aubaine, dans un très court passage plutôt plat, je saisis bâton et piolet de la main gauche de manière à calfeutrer la droite dans la poche du goretex, sait-on jamais. Bien tenté ! Petit à petit, la morsure disparaît.

Ce phénomène a un nom : l'onglée. Rétrécissement des vaisseaux sanguins à la pointe des doigts de la main ou du pied, qui survient lors d'un brusque changement de température. Si j'avais retiré mon gant, j'aurais constaté que le doigt était blanc. René me dira qu'il s'agit d'un mécanisme de survie déployé par le cerveau pour lutter contre le froid, en concentrant le ressenti dans une seule zone « à sacrifier ». J'ai effectivement songé, quelques secondes, à m'amputer de cette phalange diabolique.

(Certain d'avoir ressenti dans ma chair la condition d'un authentique Samivel, j'évoquerai cet épisode avec l'humilité ténébreuse d'un Bogart de haute montagne en face d'une jeune Savoyarde, qui m'apprendra que ce mal est des plus banals dans la région ; elle ne compte plus les onglées récoltées en roulant, l'hiver, sur son scooter.)

Je reprends la montée, serein, me souvenant que René, lors de mon premier séjour prolongé dans la vallée, aux Grands Montets, sur les échelles de la mer de Glace comme au sentier des Rognes, avait les ongles faits. Vernis de gris métallisé. Peints sur proposition de la petite fille d'un couple d'amis. Almodovariens. Pour ce genre de détails, je crois pouvoir dire qu'il n'y en a pas deux comme lui dans le métier.

La deuxième bosse est fouettée par un vent qui rugit maintenant à 50 km/h, souffle René. Des bourrasques violentes soulèvent des cristaux de neige que l'on croirait aiguisés pour griffer mon appendice nasal. Un versant moins exposé m'offre le plaisir de reconnaître que le stratagème isolant de Jean-Franck fonctionne : je n'ai plus froid aux pieds – ou alors je n'ai plus de pieds, juste deux moellons bleu Hibernatus que je traîne au bas des mollets, mais bon ça m'étonnerait. Température estimée : -8 °C. Pas de nausée, pas de migraine. Le cœur est simple et puissant. Paré pour le passage d'une crevasse ? La contourner demande de se tenir à une corde puis de s'immiscer dans un goulot de bouteille semi-vertical sculpté dans la glace, haut comme trois hommes.

Pour arriver enfin sur la bosse du *boss* de fin, dans le hall délirant du monarque omniscient, la salle d'attente de Sa Majesté mont Blanc.

L'arête sommitale sommeille au commencement de la troisième bosse. À dix vertiges environ de l'endroit où Kilian Jornet a démarré sa vidéo de prévention, deux semaines plus tôt. « Chemin de danseur de corde », selon Jacques Balmat. Approfondi, facilité par la transhumance de nos prédécesseurs qui ont bâti de leurs bottes un corridor aux murets parfois élevés, parfois inexistants. Champs élyséens qui me conduisent au toit de l'Europe occidentale, en cette journée immortelle du trois juillet deux mille dix-sept.

Il est 8 h 05. Je danse, oui. Je danse la danse du piolet en levant mon épée d'acier plus haut que le plus haut dans le ciel interminable. Je tombe dans les bras de René Ghilini à qui je dis merci et qui me photographie. J'ai réalisé le rêve de mon père. Et ce que j'ai vu là-haut, en me retournant, je le garde pour moi.

43

« Mon » Blanc, jour 2
Jusqu'à mon lit

NEUF MINUTES PLUS TARD.

Déclic et acceptation de la métamorphose, diagnostiqués par le professeur Messner. « Ce n'est pas au sommet que naît le sentiment le plus fort. L'émotion la plus puissante se manifeste au moment de quitter le sommet, quand il faut revenir au camp de base, à la civilisation. Le retour est comme une renaissance. Et c'est là qu'on prend conscience qu'il nous faudra recommencer l'aventure pour revivre pleinement ce sentiment. »

Enclenchement du protocole de validation, signé du capitaine Jornet. « Le véritable sommet n'est pas la cime en elle-même. Le plus difficile, c'est le retour dans la vallée. On chérit les sommets escaladés, mais ils ne sont véritablement conquis que lorsqu'on en est redescendu. »

Amorce du mode opératoire, piloté par René Ghilini :

– On rentre illico. Il ne faut pas que tu te refroidisses.

J'ai l'âme à l'image de l'un des numéros les plus célèbres de Judith, que tout Paris s'arrache : *samba de queijos*, la samba des fromages, ou la récitation intégrale des quarante-six fromages AOC, parmi lesquels la fourme de Montbrison ou le chevrotin de Savoie, déclamés crescendo sur une chorégraphie brésilienne extatique, les fesses au ras du sol ou tendues vers l'Orient, en transe indigène. Aux États-Unis, je nous revois tous les deux plonger dans la fournaise du Grand Canyon, sur la piste de l'Ange Radieux, jaune de schiste, poussiéreuse et peuplée d'écureuils malicieux, de condors qui…

– Tu passes en premier.

Le Condor français vient de parler d'une voix qui n'inclut pas la négociation, mais je suis trop heureux pour contester cette directive. Cette victoire sur moi-même et sur les éléments, cette déroute du géant blanc provisoirement rebaptisé *mont Blond* par le conseil régional de mes fanfaronnades, ce drapeau planté sur la lune de mes projets les plus fous dissipe tous les refus, gifle les hésitations, croche-patte les tours autour du pot. Big-bangue l'univers des possibles. Je *peux* le faire. Mille mètres de dénivelé dans la face, sans intermédiaire ? La pente en piste noire en équilibre sur une poutre ? Des dépassements, des cédez-le-passage, obligé de s'écarter de la trace où deux personnes ne peuvent tenir côte à côte, cernées d'abysses monstrueux ? Je peux le faire. Le vent qui radote ses insultes grabataires dans les frimas célestes du continent européen ? La chevauchée des Walkyries version cumulonimbus ? La marche en canard 10 h 10 avec à mes pieds *le monde*, perdu dans le brouillard ? Je peux le faire. Si Ghilini le dit, c'est oui.

Invincible.

Poumons Blancs. Je me noie dans l'air pur.

En fin de journée, mon cher guide me dira qu'à la descente de l'arête sommitale, dès le premier pas, à chaque mouvement de jambe, de bâton, de piolet, il a eu peur que je nous fasse valser dans le décor, en se tenant paré nerveusement à toutes les éventualités, gaffes, bévues et boulettes. Mais la Sibérie est retraversée sans tracas, via le même itinéraire. Dune après dune, Paul Atréides des grands déserts blancs, je m'aperçois que nous avons parfois marché de nuit sur des bandes de glace très minces et dragué de grosses crevasses, béantes. Dans le noir, on nous cache tout, on nous dit rien. Cela vaut mieux.

*

Deux heures et demie plus bas, nous sommes de retour au Goûter. Tu peux tout prendre, Simba. Tout est à toi. À commencer par le petit déjeuner des grands-ducs, des œufs, du bacon, six ou sept muffins cannelle-raisins, trois pains au chocolat suisse, deux tasses de café torréfié à la gomme de troll, un bol de jus de papaye, du…

– Dix minutes de pause. Une barre énergétique et on repart.

Un peu pisse-froid sur les banquets, l'ami René. Qu'importe. Salve de textos pour prévenir mes proches de ma bonne fortune. Soulager Judith. Rassurer ma mère. Communiquer le résumé de l'exploit à mon papa ému, qui aurait pu vivre le tout quinze ans plus tôt. Se faire mousser auprès des copains-copines et des commanditaires de l'aventure. (Se) lézarder au soleil. Décompresser. Ne manque qu'un soda. Un soda ?

– Non, tu as de l'eau. Rhabille-toi. Le train est à 15 h 30 et je ne tiens pas à le rater.

Scrogneugneu. Me v'là, messire. Dans cinq heures au nid d'Aigle ? Savez-vous à qui vous parlez ? Le phénix à bésicles des hôtes de ce dôme. Le cow-boy Henk du dortoir Albert Ier. Un Peer Gynt qui aurait décidé de polir son art du conte à l'huile de roche !

Soit. Au-dessus de l'ancien refuge du Goûter, nous croisons une flambée de grimpeurs en rang d'oignons. Dans ma tête, les exaspérations de Christophe Profit font encore des étincelles. « Rénover un refuge désaffecté pour y mettre encore des dizaines de personnes, comment définir ça ? L'appât du gain ? Veillons à ne pas transformer la montagne en Disneyland. Si, entre Vallot et le sommet, il y a cent personnes devant et cent personnes derrière, le passage n'est pas large, c'est dangereux pour tout le monde. On passe progressivement de "planète passion" à "planète fric". Bien sûr qu'il faut de l'argent pour vivre, mais j'ai envie de survivre. Et que mes clients rentrent chez eux sains et saufs. »

L'ancien refuge va en effet être réhabilité. Les travaux, d'un montant de 600 000 euros, sont en cours. Le lieu accueillerait trente clients et six guides et servirait aussi de volume de sécurité pour les occupants du bâtiment voisin. J'aimerais demander à René qu'il me raconte encore son désir de voir ce nouveau refuge officiellement dédié aux guides des compagnies de Chamonix et Saint-Gervais ainsi qu'à leurs clients, mais il me presse de descendre et coupe court à toute conversation, étudiant la pertinence de chacun de mes gestes.

Dans le grand couloir de Notre-Dame des boulets de canon, dont la neige a considérablement diminué en l'espace d'une journée, il y va également de ses commentaires.

– Fais pas ci, fais pas ça. Non, attention. Mais enfin ! Je te l'ai dit vingt fois. Pourquoi tu vas par là ? Suis la trace !

Ce qui, pour la première fois entre nous, a le don de me gonfler. Car irrésistiblement, quand il se penche pour épier mes erreurs, je lui en bricole des rares, des vertes et des pas mûres. Dérapages, cris de crécelle, genou tapé très fort contre la paroi, tremblements, incapacité chronique à déchiffrer la signalétique dans le timing imposé. Et, cerise sur le Goûter, pression amplifiée lorsqu'un autre guide, trentenaire, tatoué, que l'on croise en train de monter, nous apprend que des pierres chutent en quantité dans le couloir-de-la-mort. Il en a pris une sur le bras. Son tatouage n'en est pas un, c'est un hématome en formation.

Help.

*

Nous y sommes. René me dit de ne plus bouger et d'observer le passage de la cordée qui précède. Deux personnes. Le ball-trap s'étale sur deux cents mètres de descente inclinée sans gravité. Durée du parcours, trois minutes.

Non ! La deuxième personne est percutée par une pierre au niveau du sac à dos et tourne sur elle-même, sans choir. Je suis le prochain sur la liste. « Vas-y. » Et je file à toute blinde en prenant le risque de m'emmêler les jambes comme Shin'ichi sur la ligne d'arrivée. « Calme. Normal. » Je m'abandonne alors à une disposition philosophique à propos du hasard : si je dois être frappé par une pierre dans quelques secondes, puisque je n'ai pas la moindre prise sur cet événement, je dois l'accepter. À mon rythme, soutenu, mesuré.

Aucune pierre n'est tombée pendant notre traversée du couloir-de-la-mort.

*

Plus rien ne pèse sur mes épaules. Mon sac se vide de mes soucis, sablier percé. Un temps s'ouvre, d'une infinie liberté. René, joueur, m'incite à courir à grandes enjambées sur les ultimes plateaux enneigés. Potes de sept lieues.

S'arrêter à Tête Rousse pour déjeuner n'est pas au programme, ce que je trouve de nouveau un peu fort de café (sans café). Mais jusqu'au nid d'Aigle, le désert de roches plates a des airs de trottoir parisien. Ghilini part devant, disparaît au loin. Je parle tout seul et pense à l'été qui vient. J'imagine aussi que je pourrais glisser, là, du fait de ma vigilance relâchée. Et ris en concevant une série de sketchs regroupés sous le titre « L'Accident bête ».

*

Je marche depuis douze heures, comme lors de ma première ascension : le plateau d'Emparis, à sept ans.

*

Avant de reprendre le tramway, je m'isole un instant pour regarder la vidéo que j'ai tournée au sommet. Une reprise appropriée d'*Ain't No Mountain High Enough*. Malheureusement, celle-ci ne pourra jamais passer à la postérité : Marvin Gaitet a de la morve au nez dans des consistances proches de celle d'un escargot de Bourgogne et l'enregistrement de la fameuse chanson, réduite au refrain, est saturé par le vent qui n'apprécie pas la soul suave de ceux qui ne craignent aucune montagne.

*

Jean-Franck et Charline réapparaissent dans la prairie de Bellevue. Mais qu'est devenue maître Bedded-Garnier après que nous l'ayons laissée, à moitié gelée, dans la bicoque Vallot ?

– Le froid m'a attrapée. Je l'ai senti mordre et pénétrer le haut de mon dos puis tous mes os, en quelques secondes. Hypothermie. J'ai tremblé douloureusement comme une vieille dame, j'ai failli m'endormir sous deux grosses couvertures de survie – j'étais bien, je n'avais plus mal. Deux Russes m'ont proposé de la vodka, je suis redescendue sur des jambes de pantin, tordue comme une éponge, à bout de forces. Et même après une soupe à Tête Rousse, j'ai failli rentrer dans un bouquetin et j'ai mis dix heures à me réchauffer... Selon Jean-Franck, si on ne s'était pas arrêté à Vallot, j'aurais pu continuer jusqu'au sommet. Mais je devais m'habiller davantage. S'arrêter à trois cents mètres du sommet, alors que j'ai gravi sans difficulté le dôme du Goûter, dormi sans nausée, à cause d'une veste enlevée ? Vraiment absurde.

Assommée deux jours entiers par ce constat, déçue, ressassant son année à arpenter sa Tarentaise natale ou le massif du Mont-Blanc, Charline est rentrée à Lyon totalement à côté de ses crampons. Deux jours après, elle s'est dit : « Aujourd'hui, tu dis au cabinet que tu t'en vas. » L'après-midi même, c'était fait. Sans souffrance, sans regret. Elle venait de passer cinq ans dans un cabinet d'avocats où tout se passait de manière idyllique, où elle avait une perspective d'association avec un confrère dans quatre ou cinq ans. Cette idée l'étouffait. Elle est donc partie sans préavis, fin juillet. Une semaine après, elle ouvrait son cabinet à Lyon. Un mois plus tard, un cabinet secondaire en Savoie. Cette expérience au mont Blanc lui a permis de comprendre qu'il fallait qu'elle avance, qu'elle creuse sa propre trace. Pas de sommet, mais une leçon monumentale. « L'année prochaine, j'aborderai l'ascension avec un entraînement plus resserré et du repos la semaine précédente. Je mangerai davantage le matin. Et contre l'hypothermie, j'ai trouvé une veste high-tech qui couvrira mes vêtements. Jean-Franck amènera au sommet une Charline pleinement aux manettes de sa vie. »

*

Dans le téléphérique qui nous ramène aux Houches, nous retrouvons Lucas et Jeoffrey, nos ascensionnistes de Provence. Alors, les gars ?

– Demi-tour à 4 600 mètres. Fortes rafales et froid glaçant. Nausée pour ma part et mal de crâne insupportable pour Jeoffrey. Nous avons dû rebrousser chemin. Partie remise !

*

15 h 35. Dans un bar du pied des pistes, je commande bière sur bière et des sandwichs à répétition, euphorique comme l'Apache à son premier pow-wow. Je déborde d'un bonheur fraternel, espiègle et estival. Un grand dîner s'organise à Coupeau chez René et Petra, avec

la quasi-totalité des personnages de cet ouvrage. L'ivresse me gagne. Je finirai par m'endormir à table, en pleine conversation, les yeux rougis de fatigue. Et réussirai ma dernière ascension, celle des deux étages qui me séparent de mon lit, où je me coucherai tout habillé, jetant mes derniers neurones dans un message d'amour à ma pin-up.

44

La fin de la récré ?

Le 22 juillet 2017, un alpiniste autrichien de soixante-cinq ans meurt en descendant du mont Blanc, glissant sur deux cents mètres dans le couloir du Goûter. Il était accompagné par deux amis.

Le 27 juillet, un Polonais de trente-cinq ans meurt au même endroit. Il évoluait avec une cordée d'une dizaine d'alpinistes lorsqu'il a été touché par un gros bloc rocheux qui s'est détaché vers 19 h 30. La victime et sa cordée ayant été retrouvées dans un secteur inaccessible aux secours terrestres, le groupe a été hélitreuillé par les gendarmes.

Le 4 août, une alpiniste parisienne de vingt-huit ans perd l'équilibre en redescendant du Goûter et meurt en tombant de plusieurs centaines de mètres. Elle évoluait en compagnie de trois personnes.

Le 5 août, les secours évacuent trois alpinistes hongrois qui voulaient passer une nuit au refuge du Goûter. Parmi eux, des jumeaux de neuf ans, des garçons. « Les enfants étaient tétanisés, en pleurs et ne parvenaient plus à progresser sous le poids de leur sac dans la partie la plus verticale », selon le guide qui a alerté la gendarmerie. Sitôt arrivés au refuge, les enfants et leur mère ont été redescendus par hélicoptère. On a donc trouvé plus idiot que Patrick Sweeney.

Le 9 août, un alpiniste japonais de trente-cinq ans, Hironobu Shimosawa, contacte un ami au Japon pour demander des secours. Parti seul, deux jours plus tôt, pour atteindre le toit des Alpes par l'itinéraire des trois monts, l'homme se serait égaré entre le mont Maudit et le mont Blanc. Un appel à témoins a été lancé et le visage souriant de Shimosawa, assis en tailleur au sommet d'une montagne japonaise, a beaucoup circulé sur les sites d'information. L'homme se serait réfugié dans une grotte ou une crevasse, mais une neige abondante a ralenti les recherches. Cinq jours plus tard, elles étaient interrompues, sans espoir.

Le 12 août, un alpiniste tchèque de quarante-deux ans, non encordé à ses amis, dévisse en descendant le couloir du Goûter et meurt.

Le 17 août, un *trailer* lyonnais de quarante-six ans est retrouvé mort sous la grande Bosse. Parti la veille, vraisemblablement « en short et en baskets » avec un équipement très léger, il avait l'intention de rejoindre le refuge du Goûter et de partir à l'assaut du sommet. Il aurait glissé en redescendant du refuge, avant de tomber dans une crevasse.

Le même jour, en réaction à ce décès, le maire de Saint-Gervais, Jean-Marc Peillex, publie et signe un arrêté municipal entré immédiatement en vigueur, pour « siffler la fin de la récréation » et « imposer à tous les candidats à l'ascension un équipement minimum ». Les contrevenants s'exposent à une amende peu dissuasive, de 38 euros. « Le mont Blanc ne se gravit pas comme une montagne à vaches, affirme l'élu. J'entends déjà des voix s'élever pour crier au scandale et rappeler que la montagne est le dernier espace de liberté. Je me battrai pour que le mont Blanc ne devienne pas la montagne des sacrifices humains [...] au nom du mot liberté, que certains agitent avec aisance pour, en fait, protéger leur business. »

Liste du matériel obligatoire : bonnet, lunettes de soleil, masque de ski, crème solaire, veste chaude, veste imperméable, pantalon de montagne, surpantalon, chaussures d'alpinisme pouvant recevoir des crampons, crampons réglés aux chaussures, baudrier et kit de sortie de crevasse, corde d'attache, piolet, GPS ou boussole, altimètre.

Dans une lettre à l'édile, le *runner* Lionel Tassan fait remarquer que « cette liste est incomplète : le casque et les gants manquent à l'appel. Elle frise aussi le ridicule (le coup de la crème solaire m'a bien fait sourire). Vous faites croire à certains qu'avec cet équipement, ils sont parés, sans même se poser la question de leur expérience. Vous ouvrez une porte à ce qu'on vous accuse de ne pas avoir fait de même sur d'autres itinéraires ou dans d'autres situations... »

Dans la soirée, Kilian Jornet publie sur Twitter une photo de lui nu, au sommet du mont Blanc, tout sourire, short sur les chevilles, le bras droit en cache-sexe et l'autre tendu vers le ciel en signe de victoire. Avec cette légende : « Si on grimpe côté italien, c'est légal ? », assortie de deux *smileys* et vite complétée par un second message, « Ce n'est pas le matériel, mais son utilisation et l'expérience de chacun qui comptent ».

Commentaire de l'intéressé sur cette provocation : « C'était humoristique. Mais les gens ne l'ont pas pris au deuxième degré... et n'ont partagé que la photo. Elle date de 2011 ou 2012. J'avais déjà utilisé cette image pour souligner les méfaits du changement climatique. Tu peux être à poil au sommet, sans avoir froid ! » Il ajoute : « Si on a tout le matériel cité sur la liste, on est en sécurité, c'est sans risque ? Imposer un équipement, ça signifie : ne pensez pas, on pense pour vous. La flèche ne fait pas l'Indien. La formation, elle, donne des résultats à long terme. »

Dans *L'Équipe*, le même jour, on lit : « Kilian Jornet ne peut être tenu pour responsable d'une évolution de la pratique, qui prend ses racines dans l'émergence du style alpin, apparu bien avant sa naissance [32]. »

Le 18 août, *Le Dauphiné libéré* souligne le « silence radio » des compagnies des guides de Chamonix et Saint-Gervais. « Qui ne dit mot consent... En off, on nous parle aussi du "dernier coup de com' de Peillex et d'une mesure de toute façon inapplicable". Mais beaucoup, chez les anciens, notamment, voient d'un

32. *L'Équipe*, Florian Kunckler, 18 août 2017.

mauvais œil ces ovnis de la montagne courir à côté de la trace où ils mènent péniblement leurs clients, et approuvent[33]. »

Le 19 août, le corps sans vie d'un alpiniste ukrainien de quarante-deux ans est retrouvé dans la face nord-ouest du dôme du Goûter. Parti la veille, surpris par le mauvais temps, « il ne savait plus trop où il se situait, alors il s'est signalé vers 22 heures. Mais le massif essuyait une grosse phase d'orage. Le ciel était bouché », a précisé la gendarmerie, qui n'a pas pu intervenir. L'accalmie du matin a permis aux secouristes de découvrir vers 10 heures le corps de l'homme à près de 4 000 mètres, au fond d'une crevasse.

Le 24 août, le corps d'un *trailer* français de vingt-huit ans est retrouvé. L'homme a dévissé sur trois cents mètres alors qu'il redescendait en courant du sommet du mont Blanc. Cet athlète, habitué des courses longues en pleine nature, courait en tenue légère sans crampons ni baudrier. Il a chuté vers 7 heures, au niveau de la grande Bosse sur la face nord, en amont de l'observatoire Vallot.

Face à ce nouveau drame, Jean-Marc Peillex a déclaré « maudire ceux qui ont ri » de ses précédents messages.

Le 3 septembre, Kilian Jornet termine deuxième à l'édition 2017 de l'Ultra-Trail du Mont-Blanc. Son prix lui est remis par Jean-Marc Peillex.

33. *Le Dauphiné libéré*, Antoine Chandellier, 18 août 2017.

Le 4 septembre, dans *Le Monde*, le commandant du PGHM de Chamonix, Stéphane Bozon, déplore « un afflux de *trailers* sur la voie du mont Blanc », fustigeant « l'inconscience pure de ceux qui s'engagent, seuls, en baskets et sans crampons, sur cet itinéraire d'alpinisme » et allant jusqu'à dénoncer un « effet Jornet » : « Ce qu'il véhicule participe de tout cela. » L'article comptabilise déjà douze morts du côté français du sommet, « quatre fois plus que l'été dernier[34] ».

Le 5 septembre, en début de matinée, un alpiniste hongrois d'une trentaine d'années, seul et « correctement équipé », « fait probablement une erreur technique avant de basculer dans le vide » en redescendant le couloir du Goûter.

Le 13 septembre, la chambre départementale des géomètres experts de Haute-Savoie est formelle : le mont Blanc a perdu un peu plus d'un centimètre en quatre ans. Le point culminant des Alpes mesure actuellement 4 808,72 mètres, contre 4 810,02 mètres en 2013.

Le 15 septembre, un alpiniste roumain de trente-huit ans, « correctement équipé », chute en redescendant du mont Blanc qu'il vient de gravir dans des conditions hivernales. Il n'était pas encordé et a dévissé seul sous le dôme du Goûter, tombant de plus de six cents mètres dans une crevasse.

34. *Le Monde*, Éliane Patriarca, 4 septembre 2017, « Ultra-Trail : la controverse autour des morts du Mont-Blanc ».

Le 3 octobre, vers 21 heures, un alpiniste tchèque de trente ans fait une chute mortelle d'environ huit cents mètres dans le couloir du Goûter. Il était « bien équipé » au sein d'un groupe de six personnes, auxquelles il n'était pas encordé.

Le 4 octobre, vers 10 h 20, une alpiniste tchèque de vingt-sept ans dévisse dans le dernier tiers du couloir du Goûter. Elle était « bien équipée » au sein d'un groupe de cinq personnes, auxquelles elle n'était pas encordée. Les similitudes de ces deux derniers accidents – nationalité, équipement, lieu du drame, âge – demeurent troublantes.

La voie royale compte quinze décès, survenus entre le 15 juin et le 4 octobre 2017.

Le 25 décembre, France Bleu diffuse un sujet sur l'été meurtrier du mont Blanc, dans lequel les journalistes Christophe Van Veen et Nathalie Grynszpan affirment que, suite à l'arrêté municipal, la présence des gendarmes au refuge de Tête Rousse a été augmentée. Deux d'entre eux « ont fait rebrousser chemin à bon nombre de *trailers* partis la fleur au fusil et la basket légère ».

*

Dans *Vagabond du vide*, René écrit : « Entièrement livrés à nous-mêmes [...] nous retrouvons une dimension essentielle de l'alpinisme. » Il n'a pas changé d'avis.

Son compère et confrère Olivier Greber, qui a gravi le mont Blanc une soixantaine de fois depuis 1986, trace une piste de réflexion que j'ai souvent entendue pendant ce séjour d'initiation. « Le mont Blanc se mérite. Il faut se préparer. Mais l'accès à la montagne doit rester libre, même si des gens font des conneries. Ça fait partie du jeu. Et la sanction, eh bien, ce n'est pas juste de tomber sur le cul. Mais plutôt que de se noyer sous la réglementation, allons plus loin : supprimons le refuge du Goûter. Le sommet sera accessible uniquement à ceux qui sont capables de faire l'aller-retour dans la journée. »

Scénario peu réaliste, puisque des milliers d'euros viennent d'être investis dans la rénovation de l'ancien refuge du Goûter, mais qui séduit Christophe Profit. « Tête Rousse et au-dessus, rien. Quatre heures d'efforts supplémentaires feraient le tri entre amateurs et alpinistes. Cela redonnerait un sens aventureux exceptionnel à cette ascension. » Une autre hypothèse à l'étude, suite à cet été meurtrier, serait de retirer une partie des câbles installés dans le couloir du Goûter, pour corser sa difficulté.

Greber : « L'élitisme, c'est une solution. Refaire de cette course un challenge. Rendre le mont Blanc, à nouveau, excitant. »

45

L'Autre en moi

« J'aimerais tellement revoir
les montagnes, les montagnes !
Et trouver un endroit tranquille
pour terminer mon livre. »

J.R.R. Tolkien, *Bilbo le Hobbit*

J+1, 8 H 05. COALTAR. Vingt-quatre heures tapantes après l'arrivée au sommet, réveil triste, blues du Blanc, dépassement passé, défi relevé, post-partum, envolé. Partir, demain. Quitter René, Petra et la vallée de l'Arve. Spleen.

Mais pas seulement. Je me débarrasse – enfin ! – de mon pantalon de rando, du maillot rouge de toutes les suées, de ces foutues chaussettes. Arpions sur la moquette. Je me mate, nu. Les blessures, infimes : ecchymoses aux mains, gros bleu sur le genou, le gros orteil à droite qui tire une drôle de gueule cassée, l'ongle fendu. Les sensations, curieuses : fourmis au bout des doigts, à la main gauche notamment, qui dureront deux mois ; douleurs au nord des rotules. Les améliorations, splendides : teint frais, hâlé, taille fine, floraison d'abdominaux, version enrichie de la gaieté.

Comme si ce n'était pas moi, comme si c'était un autre.

Je reste assis sur le lit dans ce matin magnifique dont la lumière inonde toute la chambre, à regarder les Bosses, vaincues. Ébloui, je connecte des embranchements de physique quantique, je voyage sans bouger dans des dimensions parallèles où j'ai échoué… émotion qui m'assomme à présent.

Visions tenaces d'un autre moi-même qui n'a pas connu le sommet, lui – ou pire. Dont je suis si proche, gamin sage et empoté, évanoui dans un couloir temporel devenu couloir-de-sa-mort. Las, je rassemble mes affaires de montagne dans une panière et dis au revoir à l'enfant peureux. Sa décadence me libère, il est parti. Je danse.

Tout ému de cette mue, je m'interroge sur l'origine de cette résistance qui m'a permis d'avancer si fort et si longtemps, sans expérience.

Fier, mon père avance par téléphone l'hypothèse d'un ancêtre légendaire, Jean-François Gaitet, l'un de mes huit arrière-arrière-grands-pères. Une force de la nature, agriculteur ou vigneron de plus de 2 mètres pour 110 kilos, capable de décharger une feuillette de vin (un tonneau d'environ 137 litres) à bout de bras. Le modèle de Jean Valjean ? Non. Ce surhomme « faisait peur aux gens ». La créature de Victor Frankenstein ? « Son pouce pouvait recouvrir entièrement une pièce de cinq francs. C'était une tête brûlée, non, une tête de lard », ajoute ma grand-mère qui s'empare du combiné. « Un soir, il est mêlé à une bagarre, dans un bal. Les gendarmes sont intervenus, mais il les a tous envoyés à la rivière, un par un ! » Bon sang ne saurait mentir ; je suis le descendant d'Obélix, par Toutatis !

Suite à ce lancer de flics, pour éviter la prison, Jeff Gaitet s'est engagé dans la Légion. De sa vie militaire en Indochine, il subsiste une trace accrochée sous verre dans la cuisine de mes grands-parents. Un drap blanc, qu'il aurait brodé lui-même au point de croix, pour saluer les mérites de son régiment d'infanterie. C'est tout. Ni mon père ni ma grand-mère ne l'ont connu et son petit-fils, mon Pépé, n'est plus là pour en parler. « Un spécimen. Mais c'est aussi quelqu'un qui avait… peur de prendre le train. À chaque voyage, il lui fallait un demi-litre de gnôle pour se calmer les nerfs. »

*

Le lendemain, Petra et René me ramènent au train. Je n'ai pas besoin d'alcool, car mon maître me remet un vrai remontant, le plus enivrant des diplômes. Mon piolet, signé de leurs noms et d'un certain « Centimètre » qui grossit de jour en jour, avec la date exacte de mes premiers pas sur la lune. Ma griffe d'acier. Le chef de gare siffle trois fois. J'étreins ma famille alpine et je grimpe dans le wagon.

Tête en l'air rentre à Paris chevalier, son épée à la ceinture. Inconsolables, ses parents adoptifs baptisent alors le chaton gris, celui qui a des problèmes d'équilibre mais de la volonté, du nom de Richard.

*

Pendant quinze nuits, ni plus ni moins, avec une régularité de coucou suisse, j'ai rêvé de ravins. Des Bosses. De cordée, de neige, de vide, d'un devoir : celui de me cramponner. Mon angoisse prend la forme d'un ultimatum, imposé par je ne sais qui. Je dois y retourner, on va me le demander. Bientôt. Pour prouver que je n'ai pas menti ? À qui ? Pour prouver que ce n'était pas qu'un coup de chance ? Pourquoi ? Pendant quinze nuits, je crains de ne pas pouvoir le refaire. Pendant quinze nuits, au réveil, en nage, tourmenté, je dis à Judith que je viens de partir en haute montagne avec l'attirail complet pour intervenir sur roche ou sur glace, jamais seul et relié à une ombre bienveillante. Je commence à écrire. Cela cesse.

*

Mon ongle fendu vire au noir, hématome de sang coagulé. Ça ne peut pas s'infecter, il va tomber, me souffle un pharmacien qui m'apprend que ces délicatesses mettent parfois neuf mois à repousser. C'est le temps qu'il me reste pour terminer ce livre.

Ils grandiront ensemble.

Un mois et demi plus tard, l'ongle noir, ayant tourné au blanc par plongées successives dans l'Atlantique, m'abandonne. Au cours d'une cérémonie très émouvante, je l'ai enterré sur la plage portugaise d'Azenhas do Mar, à trente minutes de Lisbonne. Au pied d'une falaise abrupte sous la cime d'un rocher blanc. Un centimètre de mon être. Ensablé l'enfant peureux.

Quand nous reviendrons, il se peut qu'un arbre à pieds ait poussé.

(Épilogue, en 48 mots et 08 lettres)

Mont Noir

« PLUS SIMPLE QUE LE MONT BLANC, car moins technique. Son ascension demande une très grande caisse respiratoire. Ça, tu as. Le reste, faut travailler », me dit René en souriant.

Le Kilimandjaro. 5 891 mètres, point culminant du continent africain.

On y va bientôt, *Muzungu Génial* ?

De tout mon cœur, de tout mon souffle et de toutes mes forces, je dédie ce livre à René Ghilini, Petra Sudakova et leur fille Bianca, née le 30 janvier 2018 alors que j'accouchais de ce livre. Bienvenue au monde.

Ainsi qu'à Shin'ichi.

Écrit au refuge du Père-Lachaise
dans le chalet de Coupeau
au sous-sol d'une villa de la péninsule de Troia
dans la cabane d'Azenhas do Mar
au couvent de Saint-Erme
et dans la maison-chalut de Douarnenez
entre juillet 2016 et avril 2018.

Table des matières

Achevé d'imprimer par Ermes Graphics
à Turin (Italie) en mai 2018
Dépôt légal : mai 2018
ISBN : 978-2-37502-014-2